## この映画について

　アメリカ映画界において突如として変革の嵐が沸き起こったのは1927年10月6日のことである。この日、ニューヨークのワーナー劇場にはきらびやかに着飾った名士たちが『ジャズ・シンガー』(The Jazz Singer, 1927)を観るために集まっていた。銀幕ではユダヤ教会の独唱者にさせたいと願う家族と、ブロードウェイでのジャズ歌手としての栄光を夢見る主人公ジャックの苦悩の物語が静寂のうちに展開していく。あがないの日の前日、ブロードウェイで初めてショーを開くことになっていたジャックが、危篤状態にあることを知らされた父のもとに駆けつけ、あらゆる罪の許しを乞う伝統的なコルニドライを歌うとき、観客は深い感動に襲われる。だが、劇場全体を感嘆の渦に巻き込んだのは、感涙を誘うジャックの罪とあがないの物語ではない。それはジャックが Dirty Hands, Dirty Face を朗々と響き渡る声で歌った直後に"Wait a minute, wait a minute, you ain't heard nothin' yet…"（まぁ、まぁ、待ちな、お楽しみはこれからだぜ…）で始

まるアドリブを口にしたまさにその瞬間だった。もちろん、この映画が正確な意味での最初のサウンド・フィルムではなかったし、いわんや初めてのミュージカルでもあり得なかった。しかし、音楽と自然なスピーチがある最初の長編映画であったことから、劇場全体がまるで稲妻に打たれたがごとく騒然となり、名状しがたい感動が観客の体中を走ったのである。

　かくして『ジャズ・シンガー』に対する反応がそのまま、海岸に打ち寄せる荒波のごとく、映画界全体に波及していったことは言うまでもない。サイレントの黄金時代の終末を嘆き悲しんだり、音声の芸術的価値を問う映画関係者も少なくなかったが、押し寄せるトーキー化の波を食い止めることは誰にもできなかった。1928年の夏までにはサウンドは単なる一過性のものではなく、時の流れの必然であり、サイレントへの帰還は二度とないことが明らかになったのである。大衆はセリフをしゃべる映画を観るために劇場の前に長蛇の列を作っていた。そこでハリウッドの映画会社はトーキーの機能や魅力を最大限に発揮するにはミュージカルが一番と考えて、われ先にと競ってミュージカルものに着手する。1928年7月に世界最初のオール・トーキー映画『紐育の不夜城』(Lights of New York, 1928)を世に問うたワーナー社は、その2か月後には『シンギング・フール』(The Singing Fool, 1928)を公開するというありさまだった。ジョ

ルソン (Al Jolson, 1886-1950) の歌と感傷的な物語のこの映画は同社に空前の利益をもたらし、『風と共に去りぬ』(Gone With the Wind, 1939) に抜かれるまで、興行収入において第1位を維持し続けていたことを考えれば、映画会社にとってトーキーがいかに重要であったかがわかるだろう。

1952年3月、ジーン・ケリー (Gene Kelly, 1912-96) 主演の『巴里のアメリカ人』(An American in Paris, 1951) が6つのオスカーをかっさらってからわずか1週間後に公開された、同じくケリー主演の本作『雨に唄えば』(Singin' in the Rain, 1952) は、こうした転換期に生じた混乱をユーモラスに扱ったものである。作品の中で描かれている不慣れなマイクロフォンを使っての撮影や、大声で指示することができなくていら立つ監督、また感情表現と同様にしゃべったり、歌ったりする能力が要求されて戸惑い、悩み、そして苦しむ俳優たちの姿はそのまま当時の連中のそれであった。新たな映画で成功したければ、俳優たちはサイレント時代に見せたとっぴなジェスチャーを捨て、発声の訓練を受けて話すことを学ばねばならなかったのである。事実、最初の100万ドルスター、メアリー・ピックフォード (Mary Pickford, 1892-1979) はもはやハリウッドで主権を握ることはできなかったし、オルガ・バクラノヴァ (Olga Baclanova, 1896-1974) はロシア訛りのために引退に追い込まれた。そして「銀幕の偉大な恋人」とまで称され、絶大な人気を誇っていたジョン・ギルバート (John Gilbert, 1899-1936) に至っては、その悪声ゆえにアルコールにおぼれるようになり、やがて心臓発作でこの世を去った。「この物語の出来事は、多少のこっけいな誇張があるにしても、大筋において1928年のMGMとその周辺で起こっていたことだ」とのケリーの言葉が語っている通り、不安と恐怖に放り込まれた関係者たちは、新しいシステムへの適応をめぐる過酷で冷酷なサバイバル・レースを展開していたのである。

この映画の脚本は、『巴里のアメリカ人』に続く作品を考えていたMGMが1950年5月、ニューヨークから呼び寄せたベティ・コムデン (Betty Comden, 1917-2006) とアドルフ・グリーン (Adolph Green, 1914-2002) に、1920年代にヒットしたアーサー・フリード (Arthur Freed, 1894-1973) とナシオ・ハーブ・ブラウン (Nacio Herb Brown, 1896-1964) 作詞作曲の歌を中心にした物語の執筆を依頼し、それに応じて書かれたものだ。監督はハリウッドのダンス映画でフレッド・アステア (Fred Astaire, 1899-

1987）と双璧を成すジーン・ケリー、そして「ミュージカル映画のキング」と言われるスタンリー・ドーネン（Stanley Donen, 1924-）である。配役はケリーを中心に、ミュージカルコメディを得意としたドナルド・オコナー（Donald O'Connor, 1925-2003）、『アダム氏とマダム』（Adam's Rib, 1949）でデビューを果たしたジーン・ヘイゲン（Jean Hagen, 1923-77）、16歳のときカリフォルニア州バーバンクのミスコンテストで優勝したことが関係者の目に留まり、映画界入りしたデビー・レイノルズ（Debbie Reynolds, 1932-）など、若いエネルギーと個性が光る魅力的な俳優たちで固められている。なるほど、1953年3月19日にRKOパンテイジズ劇場で行われたアカデミー授賞式では無冠に終わったが、アメリカは言うまでもなく、世界のミュージカル映画史上に燦然と輝く名作中の名作である。

曽根田　憲三（相模女子大学名誉教授）

# 『雨に唄えば』の魅力

　ハリウッド映画はハリウッドとその住人を描かせたら極めて辛らつで、残酷なまでに率直であると言われるが、『雨に唄えば』もまた例外ではない。ケリー演じるドンがチャイニーズ・シアターの前で語る己の華麗な伝記は、銀幕に映し出された真の姿とはまるでかけ離れたものである。一大センセーションを巻き起こしたいとの宣伝部の意向から、恋人同士を装うジーン・ヘイゲン扮するリーナとドン、そしてその偽りの姿をいつしか真実と思い込み、とんだ三枚目を演じ続けるリーナの醜態はそうしたもののほんの一例に過ぎない。

　だが、この映画を不朽の名作にしているのはそんなところにあるのではない。それは心ときめかすラブ・ロマンスを中心に、映画の至る所に散りばめられた優雅で奔放な歌と踊りのシーンである。Make 'em Laugh のナンバーに合わせてドナルド・オコナーが踏むステップは、これまでフィルムに収められた映像の中で最もこっけいなものの1つに数えられる道化じみた体操であり、超現実主義的なボードビルである。また、オコナーとケリーが話し方教師を煙にまく Moses や、デビー・レイノルズ演じるキャシーを加えた3人による小道具を使っての Good Morning の歌と踊りは、元気はつらつとしていてすがすがしい。そして誰もいなくなったスタジオでケリーがレイノルズに向かって甘く、切ないナンバー You Were Meant for Me をささやくように唄いながらステージを滑るとき、われわれはその美しさに息をのみ、ロマンチックな雰囲気に浸ってしまう。ここにはライトによって写し出されたあの夜空に浮かぶ星座のような、言語を絶する輝きの一瞬があり、彼女がケリーの力強い、優雅な魔力の中で身を翻すとき、それは言葉を超えた愛の服従なのだ。

　しかし、世の評論家をうならせ、この作品を伝説の位置にまで高めているのはケリーがタイトルソングに合わせて歌い、踊るシーンである。恋焦がれていた女性の愛を獲得し、無限の喜びに浸りながら彼は傘もささずに降りしきる雨の中を歩いていく。やがて「雨に唄う、ただ雨に唄う、なんて愉快な気持ち…空はあんなに暗いけど、僕の心には太陽が、そして僕は恋する気分…」と歌い出し、傘を小道具に雨に濡れた石畳の上でステップを踏み始めるのだ。彼

はほとばしる歓喜のしぶきの中で大粒の雨と戯れながら通りを旋回し、回転し、体を大きく翻して宙を駆ける。偶然、通りかかった警官が路面にたまった水の中で足を踏み鳴らす彼を疑わしげに見つめるとき、彼は例の人なつっこい笑みを浮かべて Singin' in the Rain の最後の節を歌いながら静かに去っていくのである。ケリーの押さえ切れない喜びを、全身を使って表現したこの躍動的な演技は、観る者の魂を揺さぶらずにはおかないだろう。彼の体中にみなぎり、銀幕から溢れ出んばかりの幸福感はいつしかわれわれにも伝染し、やがてケリーとともに "What a glorious feeling!" とついつい叫んでしまうのだ。

曽根田　憲三（相模女子大学名誉教授）

Cast

1912年8月23日ペンシルバニア州ピッツバーグ生まれ、1996年2月2日没。8歳の頃からダンス・レッスンを受け、1938年にブロードウェイのコーラス・ダンサーとしてデビュー。その実力をMGMに認められ、1942年に*For Me and My Gal*で映画デビューを果たす。『踊る大紐育（ニューヨーク）』(49)、『巴里のアメリカ人』(51)、『舞踏への招待』(56)、『ザッツ・エンタテインメント』(74) などに出演。

Gene Kelly
ジーン・ケリー

1932年4月1日テキサス州エル・パソ生まれ。16歳のときカリフォルニア州バーバンクのミスコンテストで優勝したことがきっかけで映画界入り、『花嫁の季節』(48)でデビューした。そのほか、『歓びの街角』(56)、『結婚泥棒』(61)、『さよならチャーリー』(64)、『ザッツ・エンタテインメント』(74)、『イン＆アウト』(97) などに出演。『不沈のモリー・ブラウン』(64)ではアカデミー主演女優賞にノミネートされた。

Debbie Reynolds
デビー・レイノルズ

1925年8月28日イリノイ州シカゴ生まれ、2003年9月27日没。ボードビルの芸人を両親に持ち、幼い頃から舞台に立つ。『二人のメロディ』(37)で映画デビュー、『翼の人々』(38)などにも出演したが、40年に家族の元へ戻りボードビルでの活動を再開する。42年に映画界に復帰、ジーン・ケリーとスタンリー・ドーネンの指名を受け、本作に出演した。そのほか、『ショウほど素敵な商売はない』(54)などに出演。

Donald O'Connor
ドナルド・オコナー

1923年8月3日イリノイ州シカゴ生まれ、1977年8月29日没。『アダム氏とマダム』(49)で映画デビューし、『アパッチ族の最後』(50)、『アスファルト・ジャングル』(50)、『カービン銃第一号』(52)、『ロデオの英雄』(53)、『ルーズベルト物語』(60)などに出演。本作『雨に唄えば』(52)ではアカデミー助演女優賞にノミネートされた。しかし、病を患い、療養所での治療のため1960年代半ばに引退した。

Jean Hagen
ジーン・ヘイゲン

 ## この映画の英語について

　この映画は、サイレント映画がトーキーへと移行していく時期のハリウッドを舞台にしたミュージカルである。まさに映画産業が大きく発展する時代であり、この映画に現れる英語にも当時の活気に満ちた力強さや勢いが感じられる。またミュージカルであるため、その時代を反映した底抜けに明るい歌や踊りを楽しみながら英語学習ができるという点でも格好の英語学習教材といえる。

　登場人物は皆、自分の生き方に自信を持ち、夢に向かって歩んでいる。そうした気概は、サイレント映画の大スター、ドンが自分の生い立ちについて語ったことば、"I've had one motto which I've always lived by: Dignity." に象徴されるだろう。ドンは危険なスタントマンの仕事を自ら買って出ることをきっかけにスターの座へと駆け上っていく。一方、ドンが偶然出会った女性、キャシーもまた将来の演劇女優を夢見る女性であった。大スターのドンに対してこ

びを売ることなくサイレント映画を酷評し、今はコーラス・ガールの仕事をしながらも、"Well, I'm not in a play right now, but I will be. I'm going to New York..." と夢を語る。共感を覚える未来表現の使われ方である。

　キャシーのことばで落ち込んでいるドンに対し、親友のコズモが "Make 'em laugh" と連呼しながら、歌って踊っておどけて元気づけるシーンも良い。こんな楽しい使役動詞の使われ方をされたら、誰でも一度でその表現を覚えてしまうだろう。また、時代の流れに逆らえず、急きょトーキーに作り直されたドンとリーナの最新作が試写会で大失敗に終わった時も、コズモは前向きな姿勢を崩さない。"Why don't you turn 'The Duelling Cavalier' into a musical?" というコズモの提案に対し、ドンと恋仲になったキャシーも "Yeah. Add some songs and dances, trim the bad scenes, add a couple of new ones." と賛同する。さらにリーナの悪声もキャシーがアフレコをするという名案にたどり着くが、そんな3人のやり取りは、未来を切り開いていく前向きな力強さを感じさせるものとなっている。

　良いアイデアが浮かんだことでハッピーな気分になったドンは、キャシーを家まで送った後、1人で雨の中で歌い踊る。かの有名な場面である。"I'm

11

singin' in the rain." という現在進行形、"What a glorious feelin'" という感嘆文、"The sun's in my heart." という be 動詞の使い方など、その時のドンの気持ちになれば、どの文法項目も意味を伴ったものとして生き生きと体感できるところである。

　このように、この映画は全体を通して、明るく前向きに問題に対処しようとする登場人物の姿勢が随所に見られ、そこで使われるポジティブな表現も非常に多い。励ましや誉めことばも含め、ポジティブな表現は日常生活では重要な役割を持つものなので、そのさまざまな表現の習得にも本書が大いに役立つことを願う次第である。

　羽井佐　昭彦（相模女子大学教授）

# リスニング難易度表

　スクリーンプレイ編集部が独自に採点したこの映画の「リスニング難易度」評価一覧表です。リスニングのポイントを9つの評価項目に分け、通常北米で使われている会話を基準として、それぞれの項目を5段階で採点。また、その合計点により、映画全体のリスニング難易度を初級・中級・上級・最上級の4段階で評価しました。評価の対象となったポイントについては、コメント欄で簡単に紹介されています。英語を学ぶ際の目安として参考にしてください。なお、映画全体の英語に関する詳しい説明につきましては、「この映画の英語について」をご参照ください。

評価項目	易 → 難	コメント
会話スピード Conversation Speed	Level 2	歌の場面では早い箇所もあるが、全体的に平均的である。
発音の明瞭さ Pronunciation Clarity	Level 1	明瞭である。
アメリカ訛 American Accent	Level 2	強い訛りは見られない。
外国訛 Foreign Accent	Level 1	見られない。
語彙 Vocabulary	Level 2	難解な単語は少ないが、歌の場面で造語がいくつか見られる。
専門用語 Jargon	Level 1	映画製作の用語は、頻繁に聞かれるなじみのあるものである。
ジョーク Jokes	Level 2	コズモがしばしば冗談を口にする。
スラング Slang & Vulgarity	Level 2	いくつかのスラングが見られる。
文法 Grammar	Level 2	リーナの発話に文法間違いがあるが、そのほかの登場人物は標準的である。

全体的に明瞭な発音で、会話スピードも平均的である。アメリカ訛りが見られる登場人物もいるが、問題ない程度である。難解な単語は少ないが、歌の場面で歌詞を聞き取ることが難しい箇所がいくつかあるかもしれない。

TOTAL SCORE : **15**	9～16 = 初級	17～24 = 中級	25～34 = 上級	35～45 = 最上級

スクリーンプレイ・シリーズについて

『スクリーンプレイ・シリーズ』は、映画のセリフを100%の英語および日本語訳で編集した完全セリフ集です。また、セリフの『英語学』的な説明ならびに『映画』のさまざまな楽しい解説を編集しています。

スクリーンプレイ・シリーズの特徴

◆ (完全) セリフを完全に文字化しています。あなたが聞き取れなかったセリフを文字で確認することができます。
◆ (正確) DVD 日本語字幕のような省略意訳でなく、忠実に日本語訳しているので、正確な意味が分かります。
◆ (説明) 左頁で、セリフやト書きにある単語の意味や語句の英語学的説明があり、英語学習を極めることができます。
◆ (解説) 右頁に、単語や熟語などの構造・使用方法の説明から映画シーンのさまざまな解説が編集されています。
◆ (読物)『ト書き』を本物映画台本の専門的説明を省き、映画を読み物として楽しめるように執筆しています。
◆ (分割) 10に分割し、チャプター毎に DVD の時間表示もしているので、学習したい場面を探しやすくしています。
◆ (知識)『この映画の英語について』などの冒頭編集ページや数ヶ所の『映画コラム』で楽しく学習できます。
◆ (実践)『覚えておきたいセリフベスト10』を対象に、繰り返し何度も発声練習しておけば、実生活でも使えます。
◆ (無料)『リスニングシート (無料)』を活用すれば、映画別、段階別にリスニング能力のチェックができます。

『ドット・コード』について
【ドットコードとは？】

● グリッドマーク社が特許を有する『ドットコード音声データ再生技術』のことです。通常の文字印刷に加えて、パターン化された微小な黒い点の集合体（ドットコード）を印刷する一種の「二色刷り」です。
● 目次ならびに本文英文ページの『セリフ』箇所に印刷されています。ルーペなど拡大鏡で見ると確認できます。
● グリッドマーク社のホームページ「GridOnput」をご覧下さい。http://www.gridmark.co.jp/gridonput.html

【ドットコードはどう使うの？】

● スクリーンプレイが別売している音が出るペン "iPen" と「音声データ」を入手いただくことが必要です。
● ドットコード印刷された本書の部分に "iPen" のペン先を当てると、"iPen" のスキャナーがドットコードを読み取り、内蔵された microSD メモリ内の音声データとリンクして、ペンのスピーカーから『音声』が聴こえるというシステムです。
● さらに詳しい内容は、本書の巻末ページ「iPen の案内」をご覧下さい。

【今までと何が違うの？】

● "iPen" と「音声データ」共用で、DVD なしで音声が聞こえ、本書でリスニング学習が可能となります。
● 映画では「チョット早すぎる」という人も、ネイティブのゆっくりとした、クリアな発声で格段に聞き取り安くなります。
(なお、PD ＝パブリック・ドメインの『映画タイトル』は "iPen" 音声も生の映画音声を採用しています)
● "iPen" で学習した後に、最後はお好きな映画を、英語音声と一切の字幕なしで楽しめるようになりましょう。

『ドット・コード』印刷書籍の使用上のご注意
＜本書の取り扱いについて＞

■ ドット印刷箇所に鉛筆、油性ペンなどで文字や絵を書いたり、シールなどを貼ったり、消しゴムでこすったりしないでください。"iPen" が正常にドットコードを読み込まなくなる恐れがあります。
■ 水などの液体に十分ご注意ください。紙面が濡れたり、汚れたりすると読み込み不良の原因となります。
■ 購入時に正常だった書籍が、ドットコード異常になった場合、返品やお取り替えの対象となりません。

＜音声再生について、等＞

■ 紙面にペン先を当てる際は、確認音声が終わるまでしっかりと "iPen" に読み込ませてください。読み込み時間が十分でないまたは適切な使用方法でない場合、再生音声が途切れるなど動作不良の原因となります。
■ 本書の印刷以外に "iPen" のペン先を当てても音声は再生されません。
■ スクリーンプレイが発売している「音声データ」以外のデータで "iPen" をご利用になられた場合、"iPen" 本体ならびに「音声データ」の故障の原因となります。その際、当社は一切の責任を負いかねますのでご了承ください。また、不正に入手された「音声データ」の場合も同様です。

本書のご利用にあたって

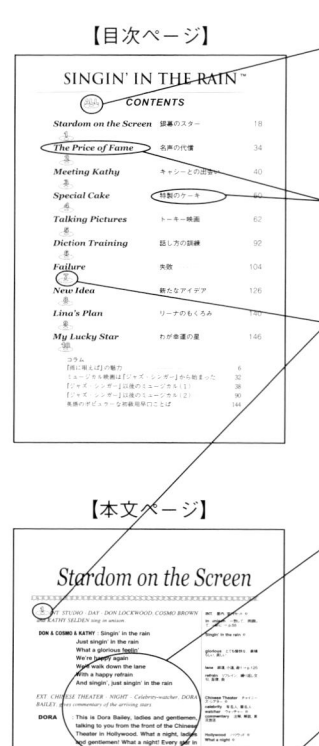

◆ **ALL マーク**

これが本書の英語セリフ音声全再生マークです。特殊なドットコードが印刷されています。ですから、マークに"iPen"の先端を当てると、該当映画の本文英語セリフ音声を全て通してお聞きいただけます。

◆ **本書の章分類**

本書シリーズの章分類は、従来から原則的に10章に分割して編集しています。章題名の英文と日本文はスクリーンプレイによるものです。

◆ **1 マーク**

これが本書のチャプターマークです。全て日本で発売されている標準的DVDに準拠しています。全再生マークと同様に、"iPen"の先端を当てると、該当チャプター分の本文英語セリフ音声をお聞きいただけます。

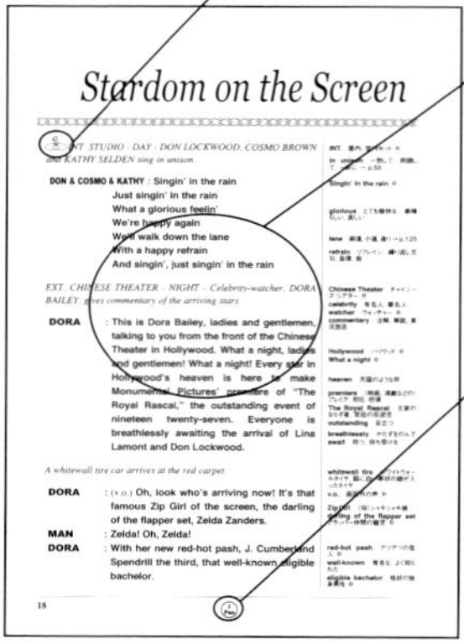

◆ **英文文字(セリフ)**

英文文字(セリフ)に"iPen"の先端を当てると、該当したセリフ音声が聞こえます。
原則として、初めの「：」から文章の終わりまでです。
また、同一人物の長いセリフの場合、分割して編集していますから、次の「：」で行替えになる直前までです。

◆ **iPen マーク**

"iPen"での外部音声録音記憶用の「空白」ドット番号です。録音方法その他は、本書巻末ページ「スクリーンプレイiPenの案内」をご覧下さい。

【時間表示について】

本書各章の冒頭に印刷してある時間は、その映画シーンをサーチ(頭出し)するための「目安」です。
表示されている時間は、映画の開始時点を［00：00：00］(ゼロ点)とした上での通過時間を表示しています。
但し、ご使用になられるDVD、ブルーレイなどの映画ソフトならびに再生機器の機種により表示が異なる場合があります。この場合、「□□□□」欄にご使用機種の独自のカウンター番号をご記入ください。

SINGIN' IN THE RAIN ™

CONTENTS

1. *Stardom on the Screen* 銀幕のスター ……………… 18
2. *The Price of Fame* 名声の代償 ……………… 34
3. *Meeting Kathy* キャシーとの出会い ……………… 40
4. *Special Cake* 特製のケーキ ……………… 50
5. *Talking Pictures* トーキー映画 ……………… 62
6. *Diction Training* 話し方の訓練 ……………… 92
7. *Failure* 失敗 ……………… 104
8. *New Idea* 新たなアイデア ……………… 126
9. *Lina's Plan* リーナのもくろみ ……………… 140
10. *My Lucky Star* わが幸運の星 ……………… 146

コラム
『雨に唄えば』の魅力 ……………………………………… 6
ミュージカル映画は『ジャズ・シンガー』から始まった …… 32
『ジャズ・シンガー』以後のミュージカル（１）…………… 38
『ジャズ・シンガー』以後のミュージカル（２）…………… 90
英語のポピュラーな初級用早口ことば ……………………… 144

Stardom on the Screen

1. INT. STUDIO - DAY - DON LOCKWOOD, COSMO BROWN and KATHY SELDEN sing in unison.

> **DON & COSMO & KATHY** : Singin' in the rain
> Just singin' in the rain
> What a glorious feelin'
> We're happy again
> We'll walk down the lane
> With a happy refrain
> And singin', just singin' in the rain

EXT. CHINESE THEATER - NIGHT - Celebrity-watcher, DORA BAILEY, gives commentary of the arriving stars.

DORA : This is Dora Bailey, ladies and gentlemen, talking to you from the front of the Chinese Theater in Hollywood. What a night, ladies and gentlemen! What a night! Every star in Hollywood's heaven is here to make Monumental Pictures' premiere of "The Royal Rascal," the outstanding event of nineteen twenty-seven. Everyone is breathlessly awaiting the arrival of Lina Lamont and Don Lockwood.

A whitewall tire car arrives at the red carpet.

DORA : (v.o.) Oh, look who's arriving now! It's that famous Zip Girl of the screen, the darling of the flapper set, Zelda Zanders.
MAN : Zelda! Oh, Zelda!
DORA : With her new red-hot pash, J. Cumberland Spendrill the third, that well-known eligible bachelor.

銀幕のスター

TIME　00：00：00
□□□□□□

屋内－スタジオ－昼－ドン・ロックウッド、コズモ・ブラウン、それにキャシー・セルデンが同時に歌う。

ドンとコズモとキャシー：雨に唄う
　　　　　　　　　　　ただ雨に唄う
　　　　　　　　　　　なんて愉快な気持ち
　　　　　　　　　　　僕らまた幸せに
　　　　　　　　　　　小道を歩こう
　　　　　　　　　　　楽しいフレーズを繰り返し
　　　　　　　　　　　そして唄う、ただ雨に唄う

屋外－チャイニーズ・シアター－夜－有名人ウォッチャーであるドーラ・ベイリーが到着するスターの実況中継を行う。

ドーラ　：皆さん、こちらはドーラ・ベイリーです。ハリウッドのチャイニーズ・シアターの前からお伝えしています。皆さん、何という夜でしょう！　素晴らしい夜です！　ハリウッドの天上界に座すあらゆるスターがここに集い、モニュメンタル・ピクチャーズの『宮廷の反逆児』のプレミアは1927年の一大イベントになろうとしています。リーナ・ラモントとドン・ロックウッドの到着を、皆がかたずをのんで待ち構えているのです。

ホワイトウォールタイヤの車がレッドカーペットに到着する。

ドーラ　：（画面外）ああ、今誰が到着したかご覧ください！　あの有名な映画界のシャキシャキ娘、フラッパー仲間の寵児、ゼルダ・ザンダースです。
男性　：ゼルダ！　おお、ゼルダ！
ドーラ　：彼女のお伴は新しいアツアツの恋人、J・カンバーランド・スペンドリル3世、かの有名な格好の独身男性です。

■ INT.
interior の略で、映画、テレビなどでの室内セットをいう。反意語は EXT.(= exterior)。

■ Singin' in the rain
曲名は Singin' in the Rain。Arthur Freed 作詞、Nacio Herb Brown 作曲。なお、singing の 'g' は2行下の feeling と同様にナチュラルスピードでは消音する。

■ Chinese Theater
Grauman's Chinese Theater のこと。今日では Mann's Chinese Theater と呼ばれている。ロサンゼルスの Hollywood Blvd. に面した中国寺院風の外観をした映画館で、ワールド・プレミアを行う劇場として有名。劇場前の広場には約1m四方のセメント板に刻まれたスターの手形、足形、サインがある。

■ watcher
本文中の例のようにしばしば「専門家」の意味で複合語として用いられる。

■ Hollywood
カリフォルニア州ロサンゼルス北西部の1地区で、映画の都として有名。地名の由来は、群生していたカリフォルニアカナメモチ(Christmas berry)を holly (ヒイラギの木) と勘違いして Hollywood としたことから。

■ What a night
ここでの what は「何という立派な（悪い）」を意味する疑問形容詞で、what a... の型は必ず感嘆文。

■ v.o.
voice-over の略。

■ darling of the flapper set
flapper とは 1910～30年頃の流行語で、奔放な現代娘のこと。

■ red-hot pash
red-hot は「熱烈な」の意。pash は俗語で、one's current absorbing love object や sweetheart の意。

■ eligible bachelor
eligible とは「選ばれるのにふさわしい」の意で、結婚などについて用いられると「結婚相手として望ましい、適当な」。

19

DORA : Zelda's had so much unhappiness. I hope this time it's really love.

Another car arrives.

DORA : And here comes that exotic star, Olga Mara and her new husband, the Baron de la Bonnet de la Toulon. They've been married two months already, but still as happy as newlyweds.

exotic エキゾチックな
Baron de la...la Toulon ⌕

newlywed 新婚者

The next car arrives, sounding its horn.

DORA : Well, well, well. It's Cosmo Brown! Cosmo is Don Lockwood's best friend. He plays the piano on the set for Don and Lina to get them into those romantic moods.

horn サイレン、警笛、クラクション ⌕
well これは、へー、おやまあ ⌕
best friend 親友 ⌕
on the set セットで
to get them...moods ⌕

Dora becomes even more excited.

DORA : Oh oh, folks, this is it! This is it! The stars of tonight's picture, those romantic lovers of the screen. Don Lockwood and Lina Lamont! Ladies and gentlemen, when you look at this gorgeous couple, it's no wonder they're a household name all over the world...like bacon and eggs.

this is it ⌕

gorgeous 豪華な ⌕
it's no wonder... ～は不思議ではない ⌕
household name おなじみの名前 ⌕
bacon and eggs ベーコンエッグ ⌕

Don and Lina walk up to Dora and Cosmo.

DORA : Lockwood and Lamont. Don, you can tell me confidentially. Are these rumors true that wedding bells are soon to ring for you and Lina?

DON : Well, Lina and I have no statement to make at the present time. We're just good friends.

DORA : You've come a long way together, Don. Won't you tell us how it all happened?

confidentially 内密に、こっそりと、ここだけで

at the present time 現時点では、現段階においては

You've come...way ⌕

ドーラ	: ゼルダはこれまで不幸の連続でした。今度こそ真の愛であることを望みます。

もう1台の車が到着する。

ドーラ	: そして今度はあのエキゾチックなスター、オルガ・マーラとその新しいご主人、トゥーロンのボネ男爵の到着です。2人は結婚してすでに2か月になりますが、いまだ新婚のごとくアツアツです。

警笛を鳴らしながら、次の車が到着する。

ドーラ	: おや、おや、おや。コズモ・ブラウンではありませんか！ コズモはドン・ロックウッドの親友です。彼はセットでドンとリーナのためにピアノを演奏し、2人のロマンチックなムードを高めています。

ドーラはますます興奮する。

ドーラ	: ああ、皆さん、いよいよです！ いよいよですよ！ 今夜の映画のスター、あの銀幕のロマンチックな恋人たちです。ドン・ロックウッドとリーナ・ラモント！ 皆さん、この豪華なカップルをご覧になれば、彼らの名前が世界中の家庭で親しく語られているのも不思議ではないことが…ベーコンエッグのように。

ドンとリーナはドーラとコズモに歩み寄る。

ドーラ	: ロックウッドにラモント。ドン、内緒で私に教えてくれるかしら。あなたとリーナのウエディング・ベルがもうすぐ鳴るという噂は本当なの？
ドン	: そうだな、今のところはリーナも僕もノー・コメントだ。僕らはただのいい友達だよ。
ドーラ	: 2人は長い道程を一緒にやってきたでしょう、ドン。すべてのことを私たちに話してくれないかしら？

■ exotic
= different; fascinating; foreign; romantic; strange; mysterious

■ Baron de la Bonnet de la Toulon
フランス人風の響きを持った架空の名前。1920年代に、ヨーロッパの没落貴族と結婚する映画女優が多くいたことから。ちなみに、Toulonはフランス南東部の港町。

■ newlywed
= a person recently married

■ horn
ここでは an automobile horn のこと。ちなみに日本語でいう「クラクション」(klaxon)は商標名。

■ well
ここでは驚きを表す間投詞。

■ best friend
「仲の良い友」は good friend、「親しく付き合っている友人」は close/great friend、「仲間」は companion、「知り合い」は acquaintance。

■ to get them...moods
文字通りの訳「彼らを例のロマンチックなムードに入れるため」から。

■ This is it.
「さあ、お待ちかねの人です」
This is what you've been waiting for. ほどの意。「いよいよだ、来るべきときが来た」「まったくその通り、確かにそうだ」「これが、それが理由です」などの意でも頻繁に使われる。

■ gorgeous
= attractive; brilliant; delightful; fine; splendid; stunning; superb

■ it's no wonder...
wonder の後に that をつけることもあるが、通例、省略する。また、it's を省いて no wonder ともする。

■ household name
household が「家庭の、ありふれた」を意味する形容詞であることから popular name の意を表す。

■ bacon and eggs
どの家庭の食卓でも、特に朝食において最もポピュラーな組み合わせの食べ物であることから、「お似合いのカップル」を暗示する。

■ You've come a long way
You have become successful を暗示したもの。

21

DON	: Well, Lina and I have made a number of pictures together…	a number of... 多数の〜, 数多くの〜 ☺
DORA	: Ah, no, no, Don. I want your story from the beginning.	from the beginning 初めから ☺
DON	: Dora, not in front of all these people.	
CROWD	: Yes!	
DORA	: But, Don, the story of your success is an inspiration to young people all over the world. Please.	inspiration インスピレーション, 激励, 刺激, 励み
CROWD	: Yes!	
DON	: Well, to begin with, any story of my career would have to include my lifelong friend, Cosmo Brown! We were kids together, grew up together, worked together.	to begin with まず第一に, そもそも lifelong 生涯にわたる kid 子ども, 若者 ☺ grow up 成長する, 成人する, 大人になる ☺
DORA	: Yes?	
DON	: Well, Dora, I've had one motto which I've always lived by: Dignity. Always dignity. This was instilled in me by Mom and Dad from the very beginning. They sent me to the finest schools, including dancing school. That's where I first met Cosmo. And with him, I used to perform for all of Mom and Dad's society friends.	live by... 〜に従って生活する, 〜を指針にして生きる dignity 威厳, 尊厳, 気品 instill 教え込む, 注ぎ込む from the very beginning ☺ used to... よく〜したものだ, 昔は〜したものだった ☺ society friends ☺

INT. POOLROOM - DAY - A young Don tap-dances as a young Cosmo plays harmonica. Some men throw money, which the young Cosmo picks up. The owner of the bar takes them out of the room.

poolroom 賭博場
tap-dance タップダンスを踊る

DON	: (v.o.)They used to make such a fuss over me. Then, if I was very good, I was allowed to accompany Mom and Dad to the theater.	make a fuss over... 〜に大騒ぎする

EXT. A THEATER - DAY - The two young boys crouch down to sneak below the ticket window to get inside the theater.

crouch しゃがむ, かがむ
sneak こっそり入る, こそこそ歩く

DON	: (v.o.) They brought me up on Shaw, Moliere, the finest of the classics.	bring up 育てる, しつける on Shaw ☺ Moliere ☺

EXT. CHINESE THEATER - NIGHT - Back at the movie premiere.

22

ドン	:	うーん、リーナと僕は多くの映画で共演してきたね…
ドーラ	:	あら、だめだめ、ドン。私はあなたの話を最初から聞きたいのよ。
ドン	:	ドーラ、こんなに大勢の人の前ではだめだよ。
群衆	:	してー！
ドーラ	:	でもドン、あなたの成功談は世界中の若い人たちの励みになるわ。お願い。
群衆	:	そうだ！
ドン	:	そうだね、まず第一に、僕のキャリアについての話にはすべて、僕の生涯の友、コズモ・ブラウンが含まれなくては！ 僕たちは子どものころから一緒で、共に育ち、共に働いた。
ドーラ	:	それで？
ドン	:	ねえ、ドーラ。僕には１つモットーがあって、いつもそれに基づいて生きてきた──威厳。常に威厳を。このことは最初から父母より教えられてきたんだ。両親は僕を最高の学校に入れてくれた。ダンススクールもそうだった。そこで初めてコズモに出会い、そして彼と共に、父母の上流社会の友人たち皆の前で踊ったものだ。

屋内－賭博場－昼－幼いドンがタップダンスを踊り、幼いコズモはハーモニカを吹いている。金を投げる客がいて、それを幼いコズモが拾う。バーのオーナーは２人を部屋からつまみ出す。

ドン	:	（画面外）彼らは僕に大喝采だったよ。そして、僕の出来がいいときには、父母と劇場に行くことを許された。

屋外－劇場－昼－２人の少年がチケット売り場の下で身をかがめ、こっそり劇場に入る。

ドン	:	（画面外）両親はショーやモリエール、１級の古典劇を見せて僕を育ててくれた。

屋外－チャイニーズ・シアター－夜－映画のプレミアに戻る。

■ **a number of...**
ここでの number は「かなりの数、相当数」の意。数を強調する場合は a large number of... とか a great number of... とする。なお、「a number of ＋ 複数名詞」は、通例、複数動詞で呼応する。

■ **from the beginning**
「初めから終わりまで、終始」とする場合は from beginning to end とする。

■ **kid**
日常会話において child（複数形は children）より多く使われる。

■ **grow up**
相手の子供じみた態度や発言などをいさめて Why don't you grow up?（もっと大人になったらどうだい？ → 子供じみたことはやめろ）などのように使われる。

■ **from the very beginning**
ここでの very は「とても」を意味する副詞ではなく、the, this, that, one's などに伴う強意語として「まさに、ほかならぬ」ほどの意を表す形容詞。

■ **used to...**
過去のかなり長い期間に及ぶ習慣を表現する際に用いられる。その習慣が現在なくなっているかどうかは問わない。類似したものに would があるが、こちらは比較的短い期間にわたる反復的なものを言い表すときに用いられる。

■ **society friends**
= aristocratic friends
言葉で語る過去と画面に映し出される映像が大きく異なるが、スターの生き様を含めた映画界を皮肉を込めて面白おかしく描いたため。

■ **tap-dance**
元来はアメリカ南部の黒人の舞踊で、底に金属の板を打ち付けた靴をはき、つま先とかかとで床を踏み鳴らしてリズミカルな音を出す。

■ **on Shaw**
ここでの on は依存関係を表し、「～に頼って、～を食べて」などを意味する接続詞。Shaw はアイルランド生まれの英国の劇作家、小説家、批評家 George Bernard Shaw (1856-1950) のこと。*Man and Superman* (1903)、*Pygmalion* (1913) など、多くの作品がある。1925年にノーベル文学賞受賞。

■ **Moliere**
フランスの俳優、喜劇作家 (1622-73)。本名は Jean Baptiste Poquelin。代表作は *Tartuffe* (1664)、*L'Avare* (1668) など。

DON : To this was added rigorous musical training at the Conservatory of Fine Arts.

| rigorous | 厳しい, 厳格な |
| Conservatory of Fine Arts ↵ |

INT. SMOKY BAR - NIGHT - Don and Cosmo play instruments.

| smoky | 煙の出る, 霞んだ |
| play instruments | 楽器を演奏する ↵ |

DON : (v.o.) Then we rounded out our apprenticeship at the most exclusive dramatics academy.

round out	完成する, 仕上げる, 締めくくる
apprenticeship	訓練, 実習
exclusive	閉鎖的な, 排他的な, 高級な, 上流の

INT. A THEATER - NIGHT - Don and Cosmo have entered an AMATEUR NIGHT event. They do a silly clown routine.

silly	愚かな, くだらない
clown	道化, ピエロ
routine	慣例となっていること, お決まりの言動 ↵

DON : (v.o.) And at all times the motto remained: Dignity. Always dignity.

| at all times | その間ずっと |

EXT. / INT. VARIOUS TRAIN STATIONS / THEATERS - DAY / NIGHT - Don and Cosmo perform at various locations.

| various | さまざまな |
| perform | 実行する, 上演する, 芸をする |

DON : (v.o.) In a few years, Cosmo and I were ready to embark on a dance concert tour. We played the finest symphonic halls in the country.

in a few years	数年後には ↵
embark on...	〜に着手する, 〜へ乗り出す, 〜に従事する ↵
symphonic	シンフォニック, 交響曲の, 交響管弦楽の

DON & COSMO : Fit as a fiddle and ready for love
I can jump over the moon up above
Fit as a fiddle and ready for love
Haven't a worry, haven't a care
Feel like a feather that's floatin' on air
Fit as a fiddle and ready for love
Soon the church bells will be ringin'
And a march with Ma and Pa
All the church bells will be ringin'
With a hey nonny nonny and a hat cha cha
Hi diddle diddle, my baby's okay
Ask me a riddle, I'm happy to say
Fit as a fiddle and ready for love

| Fit as a fiddle ↵ |
up above	上空の, 空高くの
haven't a care	心配はない ↵
feel like a feather	羽のような感じがする ↵
floatin' on air	空中に浮いて, ふわふわ浮いた ↵
a hey nonny...cha cha ↵
Hi diddle diddle
my baby ↵
ask someone a riddle	〜になぞなぞを出す

At the end of their performance the crowd boos and jeers them.

boo	ブーイングをする ↵
jeer	やじる, ひやかす, あざける
adore	尊敬する, 崇拝する, 素晴らしいと思う

DON : (v.o.) Audiences everywhere adored us.

24

Singin' in the Rain

ドン : これに加えて、芸術学院での厳しい音楽の訓練があった。

屋内－紫煙が立ちこめる酒場－夜－ドンとコズモが楽器を演奏している。

ドン : （画面外）それから、僕らは最高級の演劇アカデミーで修行を締めくくった。

屋内－劇場－夜－ドンとコズモはアマチュア・ナイトの1つに参加している。彼らはこっけいな道化じみたお決まりの出し物を演じる。

ドン : （画面外）そしていつも例のモットーがあった——威厳。常に威厳を。

屋外／屋内－各地の鉄道駅／劇場－昼／夜－ドンとコズモがさまざまな場所で演じている。

ドン : （画面外）数年後、コズモと僕はダンス・コンサートの公演に乗り出す準備ができた。行く先々では最高の音楽ホールで僕らは演じたんだ。

ドンとコズモ： フィドルみたいに調子は上々、恋の気分さ
空の月でも跳び越えられる
フィドルみたいに調子は上々、恋の気分さ
不安もなければ、憂いもない
心は空気に浮かぶ羽のよう
フィドルみたいに調子は上々、恋の気分さ
今に教会の鐘が鳴る
そしてパパとママと歩くんだ
教会の鐘が全部鳴る
ヘイノニノニとハチャチャ
ハイディドルディドル、あの娘はオーケー
謎掛けしてよ、僕は喜んで答えよう
フィドルみたいに調子は上々、恋の気分さ

彼らの演奏が終わると、観客はブーイングして彼らをあざ笑う。

ドン : （画面外）観客はどこでも僕らに夢中になった。

■ Conservatory of Fine Arts
fine arts は「芸術」の意。なお fine art とすると「美術」なので違いに注意。

■ play instruments
ここでの instruments は musical instruments（楽器）のこと。

■ round out
ex. He rounded out his meal with dessert.（彼はデザートで食事を締めくくった）

■ exclusive
ex. She lives in an exclusive residential area.（彼女は高級住宅地に住んでいる）

■ routine
ex. She took up her daily routine.（彼女はお決まりの日課に取り掛かった）

■ in a few years
ここでの in は「時間がたてば、～の後に」を意味する前置詞。
cf. I'll come back in a week.（1週間したら戻ってきます）

■ embark on...
embark は engage を意味する文語。

■ Fit as a fiddle
曲名は *Fit as a Fiddle* で「調律したてのバイオリン」の意。Arthur Freed 作詞, Nacio Herb Brown 作曲。fit as a fiddle は「身体の調子がとても良い」といった意味合いも持っている。

■ haven't a care
前文の haven't a worry とほぼ同じ意味。

■ feel like a feather
文頭の I が省略されたもの。

■ floatin' on air
cf. There is a balloon floating high in the sky.（気球が空高く浮かんでいる）

■ a hey nonny...cha cha
歌の意味に関係なく、歌詞の中や終わりに入れて調子をとるはやし言葉。なお、nonny nonny は特にエリザベス朝の歌の中でよく使われた。

■ Hi diddle diddle
次の riddle と韻を踏ませたはやし言葉。

■ my baby
ここでの baby は魅力のある女、恋人をいう。なお、呼びかけに用いた場合には「ねえ、おまえ、あなた」の意となる。ただし、男性が女性に対して用いる場合は親しい間柄に限られる。

■ boo
軽蔑、不賛成を表してブーという叫び声でやじること。

DON	: Finally, we decided to come to sunny California.	

EXT. EMPLOYMENT OFFICE - DAY - Don and Cosmo stand under the canopy of the office, out of the heavy downpour.

DON	: (v.o.) We were stranded… We were staying here resting up when the offers from movie studios started pouring in.	

employment office　職業紹介所、職業安定所 ⇨
canopy　ひさし, 張り出し屋根
out of...　～から出て, を避けて
downpour　土砂降り, 豪雨
We were stranded ⇨
rest up　十分な休養を取る
pour in　流れ込む, 舞い込む, どっと入る

EXT. / INT. MONUMENTAL PICTURES' STUDIO - DAY - The director, ROSCOE DEXTER is giving orders to actors.

DON	: (v.o.) We sorted them out and decided to favor Monumental Pictures.	
ROSCOE	: Okay, Lina, you hate him. You're resisting him. Keep that mood music going. Okay, now Phil, you come in. Keep on grinding. Now you see her, Phil. That's it. Now here's the bit, Bert, where you get it on the jaw.	

sort out　選り分ける
favor　ひいきする, ～の方を選ぶ, かわいがる, 味方する ⇨
resist　抵抗する, 反抗する
keep...going　～を続ける ⇨
keep on ...ing　～し続ける ⇨
That's it ⇨
here's the bit...the jaw ⇨

Phil pulls the villain away and punches him in the face. Bert crashes onto the edge of the bar.

ROSCOE	: Cut! No, no! That wasn't right, Bert! You were supposed to go head over heels over the bar and crash into the glasses! Try it again, okay, Bert? Bert! Oh, that's swell, just swell! Take him away, fellas.	

Cut　カット ⇨
be supposed to...　～することになっている, しなきゃだめだ ⇨
head over heels　真っ逆さまに ⇨
that's swell　結構なこった, 大したもんだ
fellas ⇨

Two men come and carry Bert away.

ROSCOE	: You'll be all right, Bert. We've lost more darn stuntmen on this picture! It'll take hours to get a new one over from Central Casting!	
DON	: Hey, Mr. Dexter, I think I can do that for you.	
ROSCOE	: But you…you're a musician!	
DON	: That's a moot point.	

darn ⇨
stuntman　スタントマン ⇨
Central Casting　配役担当部門

hey　ねえ, そうだ → p.127

moot point　議論の余地がある点, 問題点, 疑わしい点

Singin' in the Rain

ドン　　　：ついに、僕らは太陽がまばゆいカリフォルニアに来ることにしたのさ。

屋外－職業紹介所－昼－ドンとコズモは土砂降りを避け、事務所のひさしの下に立っている。

ドン　　　：(画面外)僕らは立ち往生…僕らがそこで一息ついていたころ、映画スタジオからのオファーが舞い込んできた。

屋外／屋内－モニュメンタル・ピクチャーズのスタジオ－昼－監督のロスコー・デクスターが俳優たちに指示を与えている。

ドン　　　：(画面外)僕らはオファーを吟味し、モニュメンタル・ピクチャーズを選ぶことにした。
ロスコー　：よし、リーナ、君は彼を嫌ってる。君は彼に抵抗する。そのムード音楽はそのまま続けてくれ。オーケー、じゃあフィル、君が入ってくる。もみ合って。そこで、フィル、君は彼女を見る。そうだ。さあここが、バート、君があごに一発食らうシーンだ。

フィルは悪漢を引き離し、彼の顔を殴る。バートはバーの縁に激突する。

ロスコー　：カット！　だめ、だめ！　そうじゃない、バート！　君はバーへと真っ逆さまに突っ込んでグラスを粉々にするんだよ！　もう1回やってみろ、わかったか、バート？　バート！　ああ、なんてこった、上出来だ！　みんな、こいつを運び出せ。

男が2人やってきてバートを運び出す。

ロスコー　：大丈夫だ、バート。われわれはこの映画のスタントマンをまた失くしたぞ！　配役担当部門から新しいスタントマンを回してもらうのに何時間もかかる！
ドン　　　：ねえ、デクスターさん、あなたのために、僕らあれをこなせると思いますが。
ロスコー　：しかし君は…君は音楽屋だろ！
ドン　　　：それには議論の余地がありますね。

■ **employment office**
かつては employment/labour exchange ともいった。

■ **We were stranded**
We found ourselves penniless here in California といったところ。なお、strand は「立ち往生させる、途方に暮れさせる」の意で、通例、受身で使われる。

■ **favor**
ex. Fortune favors the brave.(《諺》幸運は勇者に味方する)

■ **keep...going**
「S + keep + O + C」の型で「SはOをCの状態にしておく」の意を表す。Cは名詞、形容詞(句)、分詞など。
cf. Keep your room clean.(自分の部屋はきれいにしておきなさい)

■ **keep on ...ing**
ここでの on は継続の意を強める副詞。

■ **That's it.**
「その通り、その調子、それだ」
相手の言葉や行動に対して賛成、承認の意を表す表現で、That is what is wanted. ほどの意を表す。なお、「これで終わり」といった具合に、これ以上必要ないとか、やっていることが終わりにきたことを示して使われることも多い。

■ **here's the bit...the jaw**
ここでの bit は映画に関して使われる「短いシーン、場面」の意。

■ **Cut!**
あるシーンの演技や撮影の終わりの合図。

■ **be supposed to...**
この型は予定、義務、当然などの意を表し、be expected to に近い意味を持っている。なお、be not supposed to... とした場合は遠まわしの禁止を表す。

■ **head over heels**
heels over head ともする。

■ **that's swell**
swell は fine の意で、この表現は強い興味、賛同を表すが、ここでは皮肉。

■ **fellas**
fella は fellow の打ち解けた呼びかけ。

■ **darn**
= damn
単に語勢を添え、調子を強めるために使われたもので、特別な意味はない。

■ **stuntman**
危険なシーンなどの撮影で俳優に代わって演じる人物。stunt の「見事な演技、離れ業」の意から。

27

ROSCOE	: No kidding! What's your name?	No kidding ↻
DON	: Don Lockwood, sir, but the fellas all call me Donald.	
ROSCOE	: Wise guy, huh? Okay, I'll try you. Get this guy into Bert's suit! And remember, Lockwood. You might be trading that fiddle in for a harp! Camera! Okay Phil, come in! Now you see him! That's it. Now here's where you get it right on the jaw!	wise guy 生意気なやつ, きいたふうな口を利くやつ ↻ You might be...a harp ↻ right on the jaw あごにまともに ↻

Phil punches Don in the jaw, and Don flies across the bar, crashing into many bottles.

ROSCOE	: Cut! That was wonderful!	
DON	: You got any more little chores you want done in this picture?	chore 雑用, 半端仕事, 日常の定期的な雑用
ROSCOE	: Plenty.	plenty 十分, たくさん ↻

EXT. VARIOUS OUTDOOR MOVIE SETS - DAY - Don climbs into a biplane ready for takeoff.

biplane 複葉飛行機 ↻
takeoff 離陸, 発進

DON	: Okay.

The plane picks up speed, but crashes into an old wooden building, demolishing it. Next, he rides a motorcycle off a cliff into the lake. Then he runs into a burning hut, which explodes after he enters.

pick up speed スピードを出す ↻
demolish 破壊する
cliff がけ, 断崖, 絶壁
hut 小屋, あばら家 ↻
explode 爆発する

DON	: (v.o.) **My roles in these films were urbane, sophisticated, suave.**	urbane, sophisticated, suave ↻

EXT. CHINESE THEATER. - NIGHT - Don continues talking to the crowd and cameras.

Don continues talking ↻

DON	: **And of course, all through those pictures Lina was, as always, an inspiration to me. Warm and helpful. A real lady.**	as always いつものように, 例のごとく

EXT. OUTDOOR MOVIE SET - DAY - Don introduces himself, but Lina is not interested.

DON	: Hello, Miss Lamont.

ロスコー	：冗談だろう！　おまえの名前は？
ドン	：ドン・ロックウッドです、監督殿、しかし皆は僕をドナルドと呼んでます。
ロスコー	：きいたふうな口を利くやつだな、ええ？　よし、おまえでやってみよう。こいつにバートのスーツを着せろ！　それに覚えとけよ、ロックウッド。おまえはあのフィドルとハープを交換する羽目になるかもしれんぞ！　カメラ！　ようし、フィル、入れ！　さあ、彼を見る！　そうだ。ここでおまえはあごにまともにパンチを食らう！

フィルがドンのあごを殴ると、ドンはバーをふっ飛び、瓶にぶつかり何本も瓶を割る。

ロスコー	：カット！　素晴らしい！
ドン	：端役仕事はまだありますか、この映画でやってもらいたいような？
ロスコー	：たっぷりある。

屋外－さまざまな屋外映画セット－昼－ドンは離陸準備完了の複葉機に乗り込む。

ドン	：オーケー。

飛行機はスピードを上げ、古い木造の建物に突っ込み、建物を破壊する。次に彼はオートバイに乗り、がけから湖に墜落する。さらに、彼は燃える小屋へと走り込む。が、彼が中に入った途端にその小屋は爆発する。

ドン	：（画面外）これらの映画での僕の役は品があり、しゃれていて、洗練されたものだった。

屋外－チャイニーズ・シアター－夜－ドンは群衆とカメラに向かって話し続けている。

ドン	：そしてもちろん、そうした映画を通して、ずっとリーナは、例のごとく僕を励ましてくれた。温かく、助けになってくれた。真のレディーだ。

屋外－屋外映画セット－昼－ドンは自己紹介するが、リーナは興味がない。

ドン	：こんにちは、ラモントさん。

■ **No kidding.**
= No joking.; You are kidding.
「冗談じゃない、冗談でしょ、冗談は休み休み言ってくれ」

■ **wise guy**
ここでの wise は「生意気な、横柄な」を意味する俗語。ドンが自己紹介でファーストネームを Don、通称を Donald と、逆にして言ったことから、このセリフがある。

■ **You might be...a harp**
trade that fiddle in = exchanging that fiddle
天使が天国でハープを弾いているという俗説から、ドンがスタントで命を落として昇天し、天使となってハープを弾くことになるかもしれない、といったもの。

■ **right on the jaw**
ここでの right は場所を示して「まさしく、ちょうど」を意味する副詞。

■ **plenty**
通例、肯定文で用いられる。否定文では much または many、疑問文では enough を用いるのが普通。

■ **biplane**
上下に2葉以上の主翼を有する飛行機。主翼が1枚の飛行機は monoplane（単葉機）。

■ **pick up speed**
pick up の基本的意味は「拾い上げる」だが、本文中の例のように speed について用いられた場合は「速力を増す、スピードを上げる」。

■ **hut**
特に丸太や草などで作った小屋。

■ **urbane, sophisticated, suave**
urbane は「都会風の、優雅な、洗練された」、sophisticated は「あか抜けた、洗練された、都会的な」、suave は「上品な、洗練された」の意で、「洗練された」を強調するために同様の語を並べたもの。

■ **Don continues talking**
「S ＋ continue ＋ O」の型で「SはOを続ける」の意を表す。Oは、名詞、動名詞。
cf. She continued reading the book.（彼女はその本を読み続けた）

DON	: I'm Don Lockwood, the stuntman. Gee, it was sure a thrill working with you, Miss Lamont.	gee おや、まあ、本当に thrill ワクワクする経験

Roscoe walks up to them with R.F. SIMPSON.

ROSCOE	: Hey, Don! Don, I want you to meet the producer of the picture, Mister R.F. Simpson.	
DON	: Hello.	
SIMPSON	: How do you do, son? I just saw some rushes for the picture and asked Dexter here who the team of stuntmen were. He told me they were all you. I think you've got something, Don. I'm going to put you and Lina together in a picture. Come over to my office after lunch. We'll discuss a contract.	How do you do rush ラッシュ you've got something contract 契約
DON	: Thanks, Mister Simpson!	

Suddenly Lina is interested in Don, smiling and standing close.

DON	: Are you doing anything tonight, Miss Lamont?

Lina puts her hand inside Don's arm.

DON	: Well, that's funny. I'm busy.

Don walks away, making Lina upset enough to kick him in the backside.

making Lina...backside

EXT. CHINESE THEATER - NIGHT - Don continues talking to the crowd and cameras.

DON	: Well, Lina and I have had the same wonderful relationship ever since. But most important of all, I continue living up to my motto: Dignity. Always dignity.	ever since それ以来ずっと、今まで live up to... ～に従って生活する、～に応える、～に恥じない
DORA	: Thank you, Don.	

30

Singin' in the Rain

ドン ： 僕はドン・ロックウッド、スタントマンです。ああ、あなたとお仕事をご一緒できるなんて本当にワクワクしますよ、ラモントさん。

ロスコーがR・F・シンプソンと共に彼らに歩み寄る。

ロスコー ： おーい、ドン！　ドン、映画のプロデューサーを紹介しよう、R・F・シンプソンさんだ。

ドン ： こんにちは。

シンプソン ： やあ、はじめまして。わしは映画のラッシュをいくつか見てね、このデクスターにスタントマンのチームは誰だと尋ねたんだ。彼は全部君だと言うじゃないか。君には才能があると思う、ドン。わしは君とリーナを映画で共演させるつもりだ。昼食後にわしのオフィスに来たまえ。契約について話し合おう。

ドン ： ありがとうございます、シンプソンさん！

突然リーナは近くでほほ笑んで立っているドンに興味を示す。

ドン ： 今夜は何か予定がありますか、ラモントさん？

リーナはドンの腕に手をからめる。

ドン ： おや、こいつはこっけいだ。僕は多忙でね。

ドンは歩き去るが、これに怒ったリーナが彼の尻を蹴りつける。

屋外ーチャイニーズ・シアターー夜ードンは群衆とカメラに向かって語り続ける。

ドン ： そう、リーナと僕はそれ以来ずっと変わらぬ素晴らしい関係を続けてきた。しかし、何よりも大切なことは、僕が自身のモットーに沿って生きていることだーー威厳。常に威厳を。

ドーラ ： ありがとう、ドン。

■ gee
驚き、熱意、落胆、単なる強調などを表す間投詞。Jesus の婉曲表現。

■ thrill
= a feeling of strong excitement, fear, or pleasure; a cause of excitement or emotion

■ How do you do?
「はじめまして」
初対面のときに交わす形式的なあいさつ。ただし、How are you? とか「おはよう、こんにちは、こんばんは」といった日常的なあいさつの代わりに使われることもある。

■ rush
編集段階での撮影済みの映画フィルム。

■ you've got something
you have talent ほどの意。なお、be something とすると be a remarkable or important person の意となる。
cf. I think you are something.（君は大した人物だと思うね）

■ contract
「〜と契約を結ぶ」は make a contract with、enter into a contract with、「契約を結んでいる」は have a contract with、be under a contract with/to、「契約を履行する」は carry out/fulfill/execute a contract、「契約を解除する」は cancel a contract、「契約を破る」は break a contract、「契約違反をする」は violate/breach a contract。

■ making Lina...backside
ここでは so...that の構文を用いて making Lina so upset that she kicks him in the backside と書き換えることができる。upset は「気分を害した、動揺した、狼狽した」の意。また、kick him in the backside は kick his backside とすることもできるが、後者は当たる部分に重点を置いた表現。
cf. He spoke clearly enough to be understood.（彼はわかってもらえるようにはっきりと話した）

■ ever since
ここでの ever は肯定文で用いられ、「いつも、絶えず」を意味して since を強める副詞。

DORA　: And I'm sure you and Lina will continue making movie history tonight in your greatest picture, "The Royal Rascal."

making movie history ⇨

Don, Cosmo and Lina walk down the red carpet in to the theater. Don calls back to the cameramen.

DON　: Get enough, boys?

Get enough ⇨

ミュージカル映画は『ジャズ・シンガー』から始まった

　あらゆるジャンルのなかで誕生が最も遅い部類に属する、歌と踊りが必須の本格的なミュージカル映画は1927年10月6日の『ジャズ・シンガー』から始まった。劇作家であり、優れた映画脚本家でもあったサムソン・ラファエルソン (Samson Raphaelson, 1806-1983) のブロードウェイの芝居を基にしたこの映画は、世界の映画産業界に革命をもたらしたのである。主人公ジャッキー・ラビノウイッツを演じたブロードウェイの役者アル・ジョルソン (Al Jolson, 1886-1950) が *Dirty Hands, Dirty Face* を歌い上げた直後のアドリブは、サイレント映画の終焉を告げるものだった。映画会社は生き残るためにトーキー映画の製作という未知の領域に突入せねばならなかった。同時にそれまでサイレント映画で光彩を放っていたスターたちも、突如として激しい生存競争の嵐の中へ放り込まれてしまったのである。

　7曲をフィーチャーした88分の『ジャズ・シンガー』は、ジョルソン扮するジャッキーと父との離反と和解を描いた作品だ。ジャッキーは、代々の職業であるキャンターを継がせようとしていた父の意に背き、ジャズ歌手としての成功を夢見て家を飛び出す。数年の歳月が過ぎた頃、彼のひたむきな努力が実ってついに念願のブロードウェイへの進出を果たすのである。しかし、そんなジャッキーに思わぬ試練が襲いかかる。彼が主役をはったミュージカルの初日が、たまたま、ユダヤ教にとって最も厳粛な「贖罪の日」と重なったのだ。しかも年老

ドーラ　：そして私は信じていますよ、あなたとリーナが映画史を作り続けることを。今夜、あなたたちの最高傑作『宮廷の反逆児』でね。

ドン、コズモ、そしてリーナはレッドカーペットを歩き、劇場へと入っていく。ドンはカメラマンに向かって呼びかける。

ドン　：十分撮ったかな、諸君？

■ making movie history
to contribute outstanding achievements to the motion picture ほどの意。

■ Get enough
ここでは Did you get enough pictures? のこと。

　いた父は病に倒れ、キャンターを勤めることができない。思い余った母親はジャッキーの楽屋を訪ね、彼にその役を果たしてくれるよう嘆願する。ユダヤ教のしきたりで、キャンターは世襲の相続者でなければ勤めることができないのだ。悩んだ末、ジャッキーは舞台を捨てて、父のユダヤ教会へと走り、伝統的なコル・ニドレイを歌う。父はジャッキーの歌声を聞き、幸せそうに息を引き取った。その後、舞台に戻った彼がかつてないほどの成功を収めたことは言うまでもない。

　このドラマに誰もが感動の涙を流したが、観客に激しい衝撃を与えたのは、この罪と贖罪の物語ではなかった。初めて目の前のスクリーンから流れてくる主人公の声を耳にした観客たちの驚きは、想像を絶するものだったのである。ジョルソンが一曲歌うたびに観客席から大歓声と拍手が起こり、映画の終わりにはどこからともなく自然発生的に生じたスタンディング・オベーションの波が瞬く間に劇場全体に広がり、辺りは一種異様な空気に包まれたという。この日を境に、大衆はトーキー映画を声高に求めるようになる。同時に『ジャズ・シンガー』の大成功で勢いづいたワーナーはジョルソンを起用して、すぐさま続編の製作に着手する。もちろんほかの映画会社も、次々とミュージカル映画の製作に取りかかっていく。ハリウッドにおけるミュージカル映画の華々しい幕開けである。

　　　　　　　　　　　曽根田　憲三（相模女子大学名誉教授）

The Price of Fame

 INT. CHINESE THEATER - NIGHT - "The Royal Rascal" plays.

| WOMAN | : She's so refined. I think I'll kill myself. |

refined 洗練された
I'll kill myself ↻

The movie finishes. Don and Lina walk to the middle of the stage.

| DON | : Thank you, ladies and gentlemen. Thank you, thank you, thank you. |

Lina starts to walk to the front of the stage, but Don stops her.

| DON | : We're pretty darn thrilled at your response to "The Royal Rascal." We had fun making it, and we hope you had fun seeing it tonight. |

We're pretty darn thrilled at ↻
response 反応, 応答
have fun 楽しむ, 面白がる
making it ↻

Lina tries again, but Don quickly stops her.

| DON | : We screen actors aren't much good at speaking in public so we'll just act out our thanks. |

be good at... ～が上手である
in public 人前で, 公然と ↻
act out one's thanks 感謝の気持ちを態度で表す ↻

The two walk off the stage. Backstage, Simpson and Cosmo wait for Don and Lina. ROD, the publicity advisor, praises them.

backstage 舞台裏で
praise 褒める, 称賛する, 称える

ROD	: Hot diggity, kids. It's a smash, eh, Mister Simpson?
SIMPSON	: Don, Lina, you were gorgeous.
COSMO	: Yeah, Lina. You look pretty good for a girl.
LINA	: For heaven's sake, what's the big idea? Can't a girl get a word in edgewise? After all, they're my public too!
SIMPSON	: Oh, Lina.

hot diggity すごい ↻
smash 大成功, 大ヒット, 大当たり
for a girl 女にしては ↻
for heaven's sake 本当にもう, お願いだから ↻
what's the bid idea ↻
Can't a...in edgewise ↻
after all なんといっても～だから ↻

名声の代償

TIME　00：10：59
□□□□□

屋内－チャイニーズ・シアター－夜－『宮廷の反逆児』が上映される。

女性　　：彼女、本当にステキ。私、死にたくなるわ。

映画が終わる。ドンとリーナはステージ中央へと歩く。

ドン　　：どうも、皆さん。ありがとう、ありがとう、ありがとう。

リーナはステージ前方へと歩き始めるが、ドンが彼女を引き留める。

ドン　　：皆さんの『宮廷の反逆児』に対する反応に僕たち本当に感激しています。映画作りは楽しかったので、今夜、皆さんも楽しくご覧いただけたと思います。

リーナは再び動こうとするが、急いでドンが引き留める。

ドン　　：僕たち映画俳優は人前で話すのは得意ではないのです。そこで仕草で僕らの感謝をお伝えします。

2人はステージを下りる。バックステージではシンプソンとコズモがドンとリーナを待っている。宣伝アドバイザーのロッドが2人を褒めそやす。

ロッド　　：実に良かったよ、君たち。大成功ですよね、シンプソンさん？
シンプソン：ドン、リーナ、君たちは素晴らしかったよ。
コズモ　　：そうだ、リーナ。女性にしてはなかなか良いぜ。
リーナ　　：まったくもう、一体どういうつもりよ？　女は口を挟んじゃいけないってわけ？　なんといっても、彼らは私のファンでもあるのよ！
シンプソン：ああ、リーナ。

■ **I'll kill myself**
I'll kill myself out of envy that I am not as refined as she is ほどの意。

■ **We're pretty darn thrilled at**
pretty は「かなり、すごく」の意で、通例、肯定文で使われて quite とか very を意味する副詞。darn は darned のことで、damned の婉曲表現。ここでは次にくる語を強調するためのもので特に意味はない。thrill は「感動する、興奮する、ワクワクする」の意。be pretty darn thrilled at... で「～にいたく感動している」の意となる。

■ **making it**
＝ acting in it

■ **in public**
ex. I have never sung in public.（私は人前で歌ったことがない）

■ **act out one's thanks**
act out とは考えなどを言葉というよりは身ぶり手ぶりで言い表すことをいう。

■ **hot diggity**
喜び、満足、賛意を表す間投詞。hot dog, hot diggety, ziggety ともする。アメリカのスポーツ漫画家 T. A. Dorgan (1877-1929)の造語とされる。

■ **for a girl**
ここでの for は割合や対比を示して「～の割には、～にしては」を意味する前置詞。cf. She is tall for her age.（彼女は年の割には背が高い）

■ **for heaven's sake**
ここでの heaven は God の代用語として軽い抗議を表す表現。

■ **What's the big idea?**
「一体どういうつもりですか？」
ここでの idea は「もくろみ、目的」の意で、通例、皮肉で使われる。

■ **Can't a...in edgewise?**
Am I not to be allowed to utter a word to the audience? ほどの意。なお、get a word in edgewise は「口を挟む」。

■ **after all**
この意味の場合は、通例、文頭または文尾で用いられて文全体を修飾する。

35

SIMPSON	: The publicity department, Rod here, thought it would be much better if Don made all the speeches for the team.	publicity department 宣伝部
LINA	: Why?	
ROD	: Lina, you're a beautiful woman. Audiences think you've got a voice to match. The studio's gotta keep their stars from looking ridiculous at any cost.	to match ◎ The studio's gotta keep A from B AがBするのを防ぐ, AにBさせないでおく ridiculous ばかげた at any cost どんなことがあっても, 是非とも
COSMO	: No one's got that much money.	that much money ◎
LINA	: What's wrong with the way I talk? What's the big idea? Am I dumb or something?	dumb ばかな, 頭が悪い or something ~か何か ◎
ROD	: No. No, it's just that Don's had so much more experience...	
LINA	: Next time, write me out a speech. I could memorize it.	
COSMO	: Sure. Why don't you go out now and recite the Gettysburg Address?	Gettysburg Address ◎
LINA	: Wh- what do you know about it, you, you piano player? Are you anybody? Donnie, how can you let him talk to me like that, your fianceé?	what do you know about it ◎ anybody ◎ fianceé フィアンセ ◎
DON	: My fian- Now, Lina, you've been reading those fan magazines again. Oh, look Lina. You shouldn't believe all that banana oil that Dora Bailey and the columnists dish out. Now try to get this straight. There is nothing between us. There has never been anything between us. Just air.	fian- ◎ banana oil （俗）でたらめ dish out （俗）ばらまく, 流す get...straight ~を正確に理解する ◎
LINA	: Oh, Donnie, you don't mean that. Come on, come on. We'll be late for R.F.'s party.	mean that 本気である come on さあ, 早く ◎
ROD	: Ah, you better go in separate cars to break up the mobs, huh? Come on, honey.	you better go → p.73 break up 分割する mob 群集, やじ馬連中 honey ハニー, あなた
LINA	: Ta-ta, Donnie! See ya there!	Ta-ta
DON	: "Donnie." What's the matter with that girl? Can't she take a gentle hint?	take a hint その意を悟る, それと気づく
COSMO	: Well, haven't you heard? She's irresistible. She told me so herself.	irresistible 抑えがたい, 抗しがたい

シンプソン	：	宣伝部、ここにいるロッドがね、ドンがチームを代表してスピーチをすべて担当した方がずっと良いと考えたんだ。
リーナ	：	どうしてよ？
ロッド	：	リーナ、君は美しい女性だ。観客はそれに見合う声をしていると思ってる。会社は自社のスターがばかげて見えるようなことは、どんなことがあっても避けなくてはならないんだ。
コズモ	：	それほどの大金は誰も持ってないしさ。
リーナ	：	私の話し方のどこが悪いっていうの？ どういうつもりよ？ 私がバカか何かとでも？
ロッド	：	いや。いや、これはただドンがずっと経験豊富だということなんだ…
リーナ	：	次は私にスピーチ原稿を書いてよ。それ、覚えるわ。
コズモ	：	そうだな。じゃあ今出ていってゲティスバーグの演説でも暗唱してみたら？
リーナ	：	な…これは驚いたわ、ピアノ弾きのくせに。あんた何様のつもりよ？ ドニー、あなた何だって自分のフィアンセに対して、こんな口の利きかたをさせるのよ？
ドン	：	僕のフィア…ああ、リーナ、君はまたあのファン雑誌を読んでたんだね。ほら、いいかい、リーナ。ドーラ・ベイリーやコラムニストたちが流すでたらめを全部信じるんじゃないよ。さあ、このことはしっかりわかっておいてくれ。僕たちの間には何もない。僕たちの間には今までも何もなかった。ただ空気があるだけだ。
リーナ	：	まあ、ドニー、それ、本気じゃないんでしょ。ほらほら、私たちR・Fのパーティーに遅れちゃうわ。
ロッド	：	ああ、君たちは別々の車に乗ってやじ馬を分散させた方がいい、いいね？ おいで、ハニー。
リーナ	：	バイバイ、ドニー！ あっちで会いましょ！
ドン	：	「ドニー」かよ。あの娘はどうしたっていうんだ。優しく言ってやってるのに気づかないのかね？
コズモ	：	おや、君は聞いたことないのか？ 彼女、抑えられないんだって。僕に自分でそう言ってたぞ。

■ to match
ここでは to match your beauty のこと。

■ The studio's gotta
= The studio has got to; The studio must

■ that much money
as much money as would be required to keep you from appearing ridiculous ほどの意。

■ dumb
= foolish; laughable; ludicrous; idiotic; meaningless; stupid

■ or something
断言を避ける表現。

■ Gettysburg Address
1863年11月19日、ペンシルベニア州Gettysburg の、南北戦争で倒れた将兵を葬る国立墓地の開所式において、第16代大統領 Abraham Lincoln (1809-65) が行った演説のことで、…that government of the people, by the people, for the people, shall not perish from the earth. (人民の、人民による、人民のための政治はこの地上から決して滅び去ることはないであろう) と、民主主義の何たるかを表現する言葉で終えたものとして有名。演説の模範としてしばしば言及される。

■ What do you know about it?
「これは驚いた」、「おやまあ」
驚きを表す表現。

■ anybody
疑問文、否定文、条件文で「ひとかどの人物、重要人物」の意を表す。肯定文では somebody。

■ fiancée
婚約中の女性をいう最も一般的な語。

■ fian-
fiancée と言いかけたもの。

■ banana oil
= untruthful, sensational statements; nonsense

■ get...straight
get straight は「ちゃんとした形にする、再確認する、誤りのない状態にする」の意。

■ come on
命令文で説得、催促、懇願などを表す表現。反語的に用いられれば「よせよ、いい加減にしろ、やめろ」の意。

■ Ta-ta
Goodbye の意で、親しみや愛情を込めて言う場合に使われる。

DON	: I can't get her out of my hair. This cooked-up romance, just for publicity.	I can't get...my hair ◊ cooked-up　でっち上げた ◊
COSMO	: The price of fame, Don. Now you've got the glory. You've gotta take the little heartaches that go with it. Now, look at me. I got no glory. I got no fame. I got no big mansions. I got no money. But I've got... What have I got?	glory　栄光, 名誉, 名声 've gotta heartache　心臓の痛み, 胸の痛み, 心痛, 苦悩 mansion　(米)大邸宅, (英)アパート
DON	: I don't know. What have you got?	
COSMO	: I gotta get outta here.	I gotta get outta here ◊

Don and Cosmo get their hats and jackets to leave the theater.

『ジャズ・シンガー』以後のミュージカル（1）

　1928年9月に公開されたワーナーの『シンギング・フール』（*The Singing Fool*）はジョルソンが歌う *Sonny Boy* とセンチメンタルな物語で観客を虜にし、最高の興行収益を収めた。その後『子守唄』（*Say It With Songs*, 1929）、そして *Big Boy*（1939）と続いていく。これらは人気、興行成績ともに『ジャズ・シンガー』の記録を超えることはできなかったが、ほどほどの成功は多くの模倣を生み出していった。真の意味で最初のミュージカル映画といえるチャールズ・キング（Charles King）の『ブロードウェイ・メロディー』（*The Broadway Melody*, 1929）、ファニー・ブライス（Fanny Brice）の *My Man*（1928）、マリリン・ミラー（Marilyn Miller）の『恋の花園』（*Sally*, 1929）、そして舞台芸人ソフィー・タッカー（Sophie Tucker）の映画界デビュー作『母なれば』（*Honky Tonk*, 1929）が製作された。またパラマウント社はフランスからモーリス・シバリエ（Maurice Chevelier）を呼び寄せ、オペレッタのスターだったジャネット・マクドナルド（Jeanette MacDonald）と『ラヴ・パレード』（*The Love Parade*, 1929）で共演させた。さらに同社はこの時期に

ドン	：	彼女にはまったく参るよ。このでっち上げのロマンスは、ただ宣伝のためなのに。
コズモ	：	名声の代償さ、ドン。今や君は栄光を得たんだよ。それに伴う多少の悩みは甘受しなきゃ。ほら、僕を見てみろよ。僕には何の栄誉もない。何の名声もない。大邸宅もないし、金もない。だけど僕にはある…何があるんだっけ？
ドン	：	知らんよ。何があるんだ？
コズモ	：	僕はここから出ていかなくちゃ。

ドンとコズモは帽子と上着を取り、劇場を後にする。

■ **I can't get...my hair**
get someone out of one's hair は「人に厄介をかけない、人の邪魔をしない、人を近づけない」の意。

■ **cooked-up**
動詞の cook up が invent falsely を意味することから。

■ **'ve gotta**
= have got to; must

■ **I gotta get outta here**
I've got to get out of here を発音通りにつづったもの。なお、ここでは言葉の遊びで、I got（～を持っている）に合わせて、I gotta（～しなければならない）を使ったもの。

　最も魅力的なミュージカル映画と称えられた『喝采』（*Applause*, 1929）にブロードウェイのスター、ヘレン・モーガン（Helen Morgan）を投入したのである。ブロードウェイで創意工夫に富んだ監督としての名声が確立されつつあったルーベン・マムーリアン（Rouben Mamoulian）監督を起用したこの映画は、バーレスクの裏側を鋭く描いた作品だった。

　この頃、トーキー映画にうまく移行できたサイレント期のスターたちは歌唱力と踊りの技量に関係なく、次々とミュージカル映画へと駆り出されていく。『第七天国』（*The Seventh Heaven*, 1927）の大ヒットでアメリカ国内の寵児となったジャネット・ゲイノー（Janet Gaynor）とチャールズ・ファレル（Charles Farrell）は『サニー・サイド・アップ』（*Sunny Side Up*, 1929）、さらには『デリシャス』（*Delicious*, 1931）に投入される。もちろん他の映画会社も大金を惜しげもなく注ぎ込んでオールスターによる寸劇、歌、踊りからなるレビューの製作に取りかかるのだった。

　　　　　　　　　　　　　　曽根田　憲三（相模女子大学名誉教授）

Meeting Kathy

③ *EXT. CITY STREET - NIGHT - Cosmo drives Don in his car down the street. Some trouble with the car makes them have to stop.*

DON	:	Don't tell me. It's a flat tire.
COSMO	:	I can't understand it. This car hasn't given me a lick of trouble in nearly six hours.

A group of TEENAGERS spot Don and run over to him.

TEENAGER 1	:	(v.o.) Hey! There's Don Lockwood!
TEENAGER 2	:	Hey, give me your autograph!
DON	:	Hi, kids!
TEENAGER 3	:	I want a souvenir!
DON	:	Just a minute.
TEENAGER 4	:	I want a souvenir, too!
DON	:	Hey! Hey!
TEENAGER 5	:	I want one, too!
DON	:	Hold on there!

The now bigger group starts pulling at Don's jacket.

DON	:	You're tearing my... Hey, Cos! Do something! Call me a cab!
COSMO	:	Okay, you're a cab.
DON	:	Thanks a lot!

Don escapes from the mob and leaps into a passing open car. KATHY SELDEN screams as Don lands in the passenger seat.

DON	:	Lady, keep driving. They're after me.
KATHY	:	Oh, you get out of here!
DON	:	Everything's all right. Just keep going.
KATHY	:	If you don't get out of here, I'll call the police!

Don't tell me ↻
flat tire　タイヤのパンク ↻
This car hasn't...six hours ↻

spot　見つける, 見分ける, 見抜く

autograph　サイン, 自署, 署名 ↻

souvenir　お土産, 記念品, 思い出となるもの

Hold on there ↻

You're tearing my... ↻
Cos ↻

you're a cab ↻
Thanks a lot ↻

land　落ちる, 着陸する ↻
passenger seat　助手席

get out of...　～から出ていく, から降りる

キャシーとの出会い

TIME 00:14:45
☐☐☐☐☐

屋外－町の通り－夜－コズモは自分の車にドンを乗せて通りを走っている。車に何らかのトラブルがあり、彼らはやむなく車を止める。

ドン	:	まさか。パンクだ。
コズモ	:	わからんね。この車は6時間近くも僕を煩わせることはなかったんだが。

10代の若者のグループがドンを見つけ、彼の元へ走ってくる。

若者1	:	(画面外) ほら！ ドン・ロックウッドがいるわ！
若者2	:	ねえ、サインちょうだい！
ドン	:	おい、君たち！
若者3	:	記念のものが欲しいの！
ドン	:	ちょっと待ってくれ。
若者4	:	私も記念が欲しいわ！
ドン	:	おい！ おい！
若者5	:	私も欲しい！
ドン	:	ちょっと待ってくれよ！

グループは今や膨れ上がり、ドンの上着を引っ張り始める。

ドン	:	君たち、破いてるじゃないか、僕の…おーい、コズ！ 何とかしてくれ！ 僕にタクシー呼んでくれよ！
コズモ	:	オーケー、君がタクシーだ。
ドン	:	どうもありがとう！

ドンはやじ馬から逃れ、通りかかった1台のオープンカーに飛び乗る。ドンが助手席に乗り込むとキャシー・セルデンは大声を上げる。

ドン	:	お嬢さん、運転を続けて。彼らに追われてるんだ。
キャシー	:	まあ、ここから降りてよ！
ドン	:	万事大丈夫だ。とにかく車を走らせて。
キャシー	:	あなたがここから降りないなら、私、警察を呼ぶわよ。

■ Don't tell me.
「まさか」
驚き、不信などの表現で、Never tell me. ともする。

■ flat tire
ただ単に flat とすることも多い。なお、「パンクする」は have a flat tire、get a flat、「パンクを直す」は fix a flat [tire]。

■ This car hasn't...six hours
車の初期の時代であることからこのような表現がある。また、a lick は「少量の」の意で、否定文で用いられて「ちっとも～しない、全然～ない」となる。

■ autograph
「サイン会」を autograph session というように、特に記念として残されるようなサインをいう。書類や手紙などでの署名は signature。

■ Hold on there
通例、命令文で「やめろ、待て」の意で使われる。

■ You're tearing my...
You're tearing my coat と言おうとしたもの。tear は「引き裂く、引きちぎる」の意。

■ Cos
Cosmo の愛称形。

■ you're a cab
ドンのセリフ Call me a cab を意図的に「僕をタクシーと呼んでくれ」と解釈したことからくるダジャレ。

■ Thanks a lot
皮肉で用いられたもの。

■ land
飛行機について用いられると「着陸する」、乗り物については「ある場所まで運んで降ろす」、打撃については「体の一部に打撃を加える」など、さまざまな意を持つ。

■ passenger seat
「運転席」は driver's seat、「後部座席」は back seat、「前の座席」は front seat。

41

DON	: Oh, now don't do that. Just a few blocks.	block ブロック, 一区画, 街区 ⊕
KATHY	: Don't hurt me!	
DON	: Don't worry. I'm not a criminal.	criminal 犯罪者, 罪人, 犯人
KATHY	: I don't care what you… Oh! You are a criminal! I've seen that face some place before.	
DON	: No! Wait!	
KATHY	: You're a famous gangster! I've seen your picture in the paper.	gangster ギャングの一員, 暴力団員
DON	: Let me explain…	
KATHY	: Or in the post office with a lot of numbers on your chest. Officer!	a lot of numbers ⊕ chest 胸, 胸部 ⊕ officer お巡りさん ⊕

Kathy screams out to a police OFFICER on the sidewalk and stops the car.

sidewalk 歩道, 人道 ⊕

KATHY	: Officer! This man, he jumped right into my car and I never done…	
OFFICER	: Why, it's Don Lockwood!	why おや, これは, いやはや, なんとまあ ⊕
KATHY	: Don Lockwood?	
OFFICER	: How are you, Mister Lockwood? Out for a joy ride?	joy ride ⊕
DON	: Just a lift, Officer. My car broke down, I got surrounded by…	lift 車に乗せてもらうこと ⊕ break down 壊れる, 故障する
OFFICER	: Ha, ha. You're a lucky little lady. Anything wrong?	wrong 具合が悪い, 不都合な ⊕
KATHY	: Why, no.	
OFFICER	: No, I should think not. Well, good night Mister Lockwood.	
DON	: Good night, Officer. (to Kathy) Well, thanks for saving my life. I'll get out now.	
KATHY	: I'm driving to Beverly Hills. Can I drop you someplace?	Beverly Hills ⊕ Can I drop you someplace ⊕
DON	: Well, I would like to get out of this ventilated suit if you're going by Camden and Sunset.	ventilated suit 風通しのいいスーツ, ボロボロになった衣服 going by Camden and Sunset ⊕
KATHY	: Yes, I am.	

Singin' in the Rain

ドン	:	おいおい、そんなことしないでくれ。ほんの数ブロックだから。
キャシー	:	私に乱暴しないで！
ドン	:	心配はいらない。僕は犯罪者じゃないんだから。
キャシー	:	あなたが何者かなんてどうでもいい…まあ！ あなた犯罪者だわ！ 以前その顔、どこかで見たことがあるもの。
ドン	:	いや！ 待ってくれ！
キャシー	:	あなた、有名なギャングでしょう！ 新聞であなたの写真見たわよ。
ドン	:	説明させてくれ…
キャシー	:	じゃなきゃ胸の所に多くの数字が付いた写真を郵便局で。お巡りさーん！

キャシーは歩道にいる警察官に向かって叫び、車を止める。

キャシー	:	お巡りさん！ この男、私の車に飛び込んできたんです、私は何もしてない…
警察官	:	おや、ドン・ロックウッドじゃないか！
キャシー	:	ドン・ロックウッド？
警察官	:	いかがです、ロックウッドさん？ お楽しみのドライブですか？
ドン	:	ちょっと乗せてもらっただけです、お巡りさん。僕の車が故障して、取り囲まれちゃって…
警察官	:	ハハハ。君はラッキーなお嬢さんだ。何か厄介なことでも？
キャシー	:	え、いいえ。
警察官	:	そう、私もそう思うよ。では、おやすみなさい、ロックウッドさん。
ドン	:	おやすみなさい、お巡りさん。（キャシーに）さて、僕の命を助けてくれてありがとう。もう降りるよ。
キャシー	:	私、ビバリー・ヒルズまで行くんですけど。どこかであなたを降ろしましょうか？
ドン	:	そうだね、もし君がカムデン通りとサンセット大通りの交差点を通るなら、僕はこのボロボロのスーツを脱ぎたいんだけど。
キャシー	:	ええ、通ります。

■ block
ex. She lives on my block.（彼女は私と同じブロックに住んでいる）

■ a lot of numbers
指名手配写真に載っている犯罪者写真台帳番号のこと。

■ chest
肋骨で囲まれた部分で、肺や心臓のある所をいう。女性の場合、その前の部分はbreastで、しばしば乳房を意味する。なお、洋服の寸法などで胸は男性の場合はchestだが、女性についてはbust。

■ officer
警官に対する呼びかけ。「男性の警官」はpoliceman、「女性の警官」はpolicewoman、「（男女ともに）警官」はpolice officer。ちなみに、俗語ではcopとかcopperという。かつては軽蔑的な意味合いを含んでいたため、面と向かって使用してはいけないとされていたが、今日ではしばしば親しみを込めて使われる。

■ sidewalk
特に舗装した歩道をいう。イギリスではpavementとかfootpath。

■ why
ここでは意外、驚きを表す間投詞。

■ joy ride
= a ride for pleasure in a vehicle

■ lift
「車に乗せてもらう」はget/have a lift、「人を車に乗せる」はgive someone a lift。
ex. Thanks for the lift.（乗せてくれてありがとう）

■ wrong
ex. What's wrong with you?（一体どうしたんだ？）

■ Beverly Hills
ロサンゼルスの一角にある人口わずか3万5000人程度の小さな街。しかし、繁華街には高層ビルが立ち並び、世界の一流店が集中している。またサンタモニカ大通りの北側には高級住宅街が広がり、スターや実業家たちの豪邸がひしめいている。

■ Can I drop you someplace?
Can I give you a ride to your destination?ほどの意。

■ going by Camden and Sunset
= going to pass the intersection of Camden Drive and Sunset Blvd.
ちなみにカムデン通りもサンセット大通りも共にハリウッドを走る通りの名前。

43

The two drive off.

DON : I'd very much like to know whose hospitality I'm enjoying.

KATHY : Selden. Kathy Selden.

DON : Enchanted, Miss Selden. I'm sorry I frightened you. I was getting a little too much love from my adoring fans.

KATHY : Oh, that's what you were running away from. They did that to you? That's terrible.

Don moves to subtly put his arm around Kathy.

DON : Yes, yes, it is, isn't it? It is terrible. Well, we movie stars get the glory. I guess we have to take the little heartaches that go with it. People think we lead lives of glamour and romance, but…we're really lonely. Terribly lonely.

KATHY : Ah, Mister Lockwood, I really can't tell you how sorry I am about taking you for a criminal before, but it was understandable under the circumstances.

DON : Sure.

KATHY : I knew I'd seen you.

DON : Which of my pictures have you seen?

KATHY : I don't remember. I saw one once.

DON : You saw one once?

KATHY : Yes, I think you were duelling. And there was a girl, Lina Lamont. Though I don't go to the movies much. If you've seen one, you've seen them all.

Dejected by Kathy's comment, Don brings his arm back and folds his arms.

DON : Oh, thank you.

KATHY : Oh, no offense. Movies are entertaining enough for the masses.

2人は走り去る。

ドン ： 僕は一体誰のご厚意に甘えているのか是非とも知りたいな。

キャシー ： セルデン。キャシー・セルデンよ。

ドン ： はじめまして、セルデンさん。君を怖がらせて悪かった。僕の熱烈なファンから、いささか過剰な愛情を受けていてね。

キャシー ： まあ、それから逃げておられたのね。連中にそんなことされたんですか？ ひどいわ。

ドンは自分の腕をそっとキャシーに回す。

ドン ： そうそう、ひどいでしょ？ ひどいよね。でもまあ、僕ら映画スターには栄光がある。栄光につきものの多少の苦しみは引き受けないとね。一般の人たちは僕らが魅力的でロマンチックな生活を送ってると考えるだろうけど、でも…僕らは本当に孤独なんだ。ひどく孤独なんだよ。

キャシー ： あの、ロックウッドさん、私、本当になんておわびしたらいいか。あなたのこと、さっき犯罪者と間違えて。でもあの状況では、わかってもらえることよ。

ドン ： 確かに。

キャシー ： あなたに見覚えがあったわ。

ドン ： 僕のどの映画を見たのかな？

キャシー ： 覚えてないけど、昔、1つだけ見たの。

ドン ： 昔、1つだけ見たって？

キャシー ： ええ、あなたは決闘をしていたと思う。それに女性が、リーナ・ラモントがいたわね。だけど私、あまり映画は観に行かないの。1本見たら、全部見たのと同じですもの。

キャシーのコメントに落胆し、ドンは自分の腕を引っ込めて腕組みをする。

ドン ： ああ、ありがとう。

キャシー ： あら、気を悪くしないで。映画は大衆にとっては十分楽しいものよ。

■ hospitality
ex. Thank you very much for your kind hospitality.（あなたの親切なおもてなしに感謝します）

■ Enchanted.
= Enchanted to meet you.
「はじめまして」
同意のフォーマルな表現としては Charmed., A pleasure., How nice to meet you., What a pleasure to meet you., I am pleased to make your acquaintance. などがある。

■ adoring fan
adore は to love deeply and devotedly の意。

■ subtly
= cleverly; slyly; dexterously; cunningly; skillfully; craftily; shrewdly

■ glamour
= an atmosphere of elegance, beauty, and excitement
glamor ともする。

■ taking you for
= assuming that you were
ここでの「take A for B」は人について用いられて「Aを誤ってBと思い込む」を意味する。
ex. I think that you took me for someone else.（あなたは私をほかの人と勘違いしていると思いますが）

■ duel
= compete; fight

■ go to the movies
「映画を観に行く」とする際の決まり文句。 go to the cinema ともするが、go to see the movies とはしないので注意。

■ No offense.
「悪気はなかったのです。気を悪くしないで」
No offense was meant のこと。offense とは「無礼、侮辱、人の感情を害すること」の意。

■ the masses
反対の意を表す語は the classes（上流社会、上流階級）。

Singin' in the Rain

45

KATHY	: But…the personalities on the screen just don't impress me. I mean, they don't talk, they don't act. They just make a lot of dumb show. Well, you know…	personality 人格, 人, 人物, 人間 dumb show だんまり芝居, 無言の身ぶり

Kathy mouths some words and gestures without making any sounds, mimicking the characters in silent movies.

mouth 口だけ動かして言う, もぐもぐ言う ⊃
mimic まねる ⊃
silent movie サイレント映画 ⊃

KATHY	: Like that.	
DON	: You mean, like what I do?	
KATHY	: Well, yes. Here we are, Sunset and Camden.	Here we are ⊃
DON	: Wait a minute. You mean, I'm not an actor? Pantomime on the screen isn't acting?	pantomime パントマイム, 黙劇, 無言劇
KATHY	: Of course not. Acting means great parts, wonderful lines, speaking those glorious words.	line （映画, 劇の）セリフ ⊃
DON	: Words.	
KATHY	: Shakespeare, Ibsen.	Shakespeare ⊃ Ibsen ⊃
DON	: Tell me, what's your lofty mission in life that lets you sneer at my humble profession?	tell me 教えてくれ, ところで lofty 高尚な, 卓越した mission in life 職業 sneer あざ笑う, せせら笑う humble つまらない, 粗末な, 慎ましやかな, 卑しい, 劣った
KATHY	: Well, I'm…I'm an actress.	
DON	: What?	
KATHY	: On the stage.	
DON	: Oh, on the stage. Well, I'd like to see you act. What are you in right now? I could brush up on my English or, ah, bring along an interpreter…that is, if they'd let in a movie actor.	brush up on ⊃ bring along an interpreter ⊃ let in ⊃
KATHY	: Well, I'm not in a play right now, but I will be. I'm going to New York…	New York ⊃
DON	: Oh, you're going to New York and then someday we'll all hear of you, won't we? Kathy Selden as Juliet, as Lady Macbeth, as King Lear. You'll have to wear a beard for that one, of course.	beard あごひげ ⊃

キャシー	: ただ…スクリーン上の登場人物には、私、感動しないの。つまり、彼らは話さないし、演技もしない。やたらとだんまり芝居をやるだけ。ほら、えーと…

キャシーは二言三言、話すように口を動かし、声を出さずにサイレント映画の登場人物をまねて身ぶりをする。

キャシー	: こんなふうにね。
ドン	: つまり、僕がやるようにかい？
キャシー	: まあ、そう。着いたわ、サンセットとカムデンの交差点よ。
ドン	: ちょっと待って。つまり、僕は役者じゃないってことかい？　スクリーンでのパントマイムは演技じゃないって？
キャシー	: もちろん違うわよ。演技は偉大な役柄、素晴らしいセリフ、荘厳な言葉をしゃべるものだわ。
ドン	: 言葉ね。
キャシー	: シェイクスピア、イプセン。
ドン	: ところで、僕のしがない職業をあざ笑う君の高尚な職業とは一体何だね？
キャシー	: ええっと、私は…私は女優よ。
ドン	: 何だって？
キャシー	: 舞台女優よ。
ドン	: ああ、舞台か。では、君の演技を見てみたいものだ。今は何に出ているのかね？　僕の英語に磨きをかけられるだろう、それとも、ああ、通訳を一緒に連れていくことだってできる…つまり、もし映画俳優を中に入れてくれればの話だけど。
キャシー	: ええっと、今は芝居には出ていないけど、でもいずれ出るわ。私、ニューヨークに行くの…
ドン	: なるほど、君はニューヨークに行く。そしていずれは僕たち皆が君のことを耳にするようになるってわけだ、そうだろう？　キャシー・セルデン、ジュリエット役、マクベス夫人役、リア王役。その役をやるには、もちろん、ひげを生やさなくてはならないだろうがね。

■ mouth
声を出さないで口だけ動かして伝えること。ただし、「口先だけで言う」「大げさにしゃべる」「気取る」の意でも使われる。

■ mimic
人の言葉やしぐさをからかったり、ふざけてまねること。類似した語に imitate があるが、これは「あるものを忠実に再現する、模倣する」の意。

■ silent movie
初期の映画はすべてサイレントで、音声映画が初めて登場したのは1927年10月6日、ニューヨークのワーナー劇場で上映された『ジャズ・シンガー』から。

■ Here we are.
「さあ着きました、はいここです」
ここでの here は文頭に置いて人の注意を喚起して「ほらここに」を意味する副詞。

■ line
= sentence for an actor to speak

■ Shakespeare
= William Shakespeare
英国の劇作家、詩人(1564-1616)。Hamlet、Othello、King Lear、Macbeth の四大悲劇をはじめ、すぐ後に出てくる Romeo and Juliet など37編の戯曲と3編の詩を書いた。

■ Ibsen
= Henrik Ibsen
ノルウェーの劇作家、詩人(1828-1906)。Love's Comedy、A Doll's House、The Master Builder などの作品があり、近代劇の父といわれている。

■ mission in life
= profession

■ brush up on
= improve

■ bring along an interpreter
interpreter は「通訳、解釈者」。俳優である私のような者には高尚な演劇はわからないので通訳を伴って行く、との皮肉。

■ let in
= admit

■ New York
市内を南北に走る大通りブロードウェイの42nd st. にあるタイムズ・スクエアから50th st. の間は商業演劇、ミュージカルの中心地で、立ち並ぶ劇場のこうこうと輝くイルミネーションから、The Great White Way(不夜城街)のニックネームで親しまれている。

■ beard
リア王がひげを蓄えていることから。

KATHY	: Oh, you can laugh if you want to, but at least, the stage is a dignified profession.
DON	: Dignified profession.
KATHY	: And what have you got to be so conceited about? You're nothing but a shadow on film. A shadow. You're not flesh and blood.
DON	: Oh, no?

Don leans over Kathy.

KATHY	: Stop!
DON	: What can I do to you? I'm only a shadow.
KATHY	: You keep away from me. Just because you're a big movie star, wild parties, swimming pools…you expect every girl to fall in a dead faint at your feet! Well, don't you touch me!
DON	: Fear not, sweet lady. I will not molest you. I am but a humble jester and you, you are too far above me.

Don gets out of the car. His jacket gets caught in the door as he closes it.

DON	: Farewell, Ethel Barrymore. I must tear myself from your side.

As Don starts to walk away, the sleeve of his jacket tears off. Kathy bursts out laughing.

---

at least 少なくとも

dignified 威厳のある, 品位のある, 堂々とした

what have you...about

nothing but... ～にすぎない, ～にほかない

flesh and blood 生身の人間, 生き身, 血の通った肉体

keep away 離れている, 近づかない

wild party らんちき騒ぎのパーティー

fall in a dead faint 気絶する, 気を失う

Fear not
molest 危害を加える
but
jester 道化師

farewell さようなら
Ethel Barrymore
I must tear...your side

burst out laughing どっと笑い出す, 突然笑い出す

キャシー	： ええ、笑いたければ笑いなさい、でも、少なくとも舞台は威厳のある職業よ。
ドン	： 威厳のある職業ねえ。
キャシー	： それに、何をそんなに思い上がってるの？　あなたはフィルムの影にすぎないじゃない。影よ。血も通っていないし、肉もない。
ドン	： ああ、そうかい？

ドンはキャシーの上に身をかがめる。

キャシー	： やめて！
ドン	： 僕に何ができるというんだい？　ただの影でしかないんだぜ。
キャシー	： 私から離れてよ。映画の大スターだの、らんちきパーティーだの、プールだの…女の子がみんな気絶してあなたの足元に倒れるとでも思っているんでしょ！　ねえ、私に触らないで！
ドン	： 恐れたもうな、麗しの人よ。そなたに危害を加えたりはせぬ。この身は卑しき道化、しかるにそなたは雲の上のお方。

ドンは車から降りる。彼がドアを閉めるとき上着がドアに挟まる。

ドン	： さらばじゃ、エセル・バリモア殿。そなたからこの身を引き離さねばならぬ。

ドンが歩き去ろうとするとき、上着の袖が破ける。キャシーはどっと笑い出す。

■ at least
= whatever else you may say; anyhow; anyway; at the least; at the very least

■ what have you...about
what makes you so conceited ほどの意。

■ flesh and blood
one's own flesh and blood として「血を分けた者、肉親、身内」の意を表す。

■ fall in a dead faint
go off in a faint ともいう。なお、ここでの dead は「死のように絶対的な、完全な」を意味する形容詞。

■ Fear not
do not fear のことだが、彼女が古典劇を演じる役者だと言ったためにシェイクスピア風に古風な言い方をしたもの。

■ but
= only

■ jester
中世の宮廷付きの道化師のこと。

■ farewell
goodbye の文語表現。

■ Ethel Barrymore
本名は Ethel Blythe（1879-1959）。ボードビルのスター Maurice を父に、舞台女優の Georgiana を母に持つアメリカの女優。俳優の兄弟 Lionel と John と共に「バリモアー家」と呼ばれた。舞台を活動の中心としたが、サイレント期の映画にもしばしば出演。44 年に銀幕に復帰して久々に出演した None But the Lonely Heart でアカデミー賞助演女優賞を受賞した。ここでは「大女優殿」といった意味合いで使われたもの。

■ I must tear...your side
= I must break the bond that binds us

■ burst out laughing
= burst into laughter

Special Cake

4 EXT. SIMPSON'S HOUSE - NIGHT - *Kathy drives her car in. She speaks to one of the SERVANTS.*

KATHY	:	Hello. Is this R.F. Simpson's house?
SERVANT	:	Yes, miss.
KATHY	:	Well, I'm one of the girls from the Coconut Grove.
SERVANT	:	Ah, yes. The floor show. Around the back, please.
KATHY	:	Oh, I see. Thank you.

miss お嬢さん, 娘さん
the Coconut Grove ココナツ・グローブ
floor show フロア・ショー
around the back 裏に回って, 裏口へ

INT. SIMPSON'S HOUSE - NIGHT - *Simpson talks with Roscoe. Cosmo is talking with a young WOMAN.*

ROSCOE	:	Nice little party, R.F.
SIMPSON	:	Thanks, Roscoe.
WOMAN	:	Mr. Brown, do you really think you could get me in the movies?
COSMO	:	Huh, huh, I should think so.
WOMAN	:	Really?

Nice little party

Don arrives in the room and captures the attention of the PARTYGOERS.

capture 捉える
partygoer パーティーによく出入りする人

PARTYGOER 1: Hello, Don.
PARTYGOER 2: Oh, there's Don!
PARTYGOER 3: I just loved the picture tonight.
COSMO : Don, how did you come? By way of Australia?
DON : Hello, Cos. (to partygoers) Excuse me.

By way of Australia

Don leads Cosmo away from the group of partygoers.

DON : Listen, Cos, tell me the truth.

tell me the truth

特製のケーキ

TIME　00 : 19 : 23
□ □ □ □ □ □

屋外－シンプソンの屋敷－夜－キャシーが車を運転して入る。彼女は使用人の1人に話しかける。

キャシー　：こんばんは。こちら、R・F・シンプソンさんのお宅ですか？
使用人　：はい、そうです。
キャシー　：あの、ココナツ・グローブから参った者の1人ですが。
使用人　：ああ、そうですか。フロア・ショーの方ね。裏に回ってください。
キャシー　：はい、わかりました。ありがとう。

屋内－シンプソンの屋敷－夜－シンプソンはロスコーと話をしている。コズモは若い女性と話している。

ロスコー　：すてきなパーティーですね、R・F。
シンプソン　：ありがとう、ロスコー。
女性　：ブラウンさん、本当に私を映画に出してくださるおつもりですか？
コズモ　：うん、うん、そうしようと思っている。
女性　：ほんとに？

ドンが部屋に到着すると、パーティー客の注意を引く。

パーティー客1：やあ、ドン。
パーティー客2：ああ、ドンだ！
パーティー客3：今夜の映画はとても気に入りました。
コズモ　：ドン、どうやって来たんだ？　オーストラリア回りか？
ドン　：やあ、コズ。（パーティーの客たちに）失礼。

ドンはコズモをパーティー客のグループから離れた所に連れていく。

ドン　：なあ、コズモ、本当のことを教えてくれ。

■ miss
ここでは年下の女性に対する呼びかけ。通例、女店員やウェイトレスへ、また店員や召使から女性客や女主人などへの呼びかけとして使われる。

■ the Coconut Grove
1921年にウイルシャー大通り沿いに開業した一流ホテルAmbassador内の有名なナイト・クラブで、一流タレントが出演することで有名。ただし、1968年6月、大統領指名に向けての遊説で訪れたJFKの弟Robert Kennedy（1925-68）が暗殺されたことから、周辺の環境が悪化したため、1989年にホテルとしての営業は中止された。

■ floor show
ナイト・クラブやキャバレーなどでの歌、踊り、喜劇からなる余興。

■ Nice little party
littleは「か弱い、かわいらしい」というような感情的要素を含むことが多い。ここでは前置された形容詞niceの好ましい含みを補強したもの。

■ capture
ここではto get the interest of something, すなわち「人、心、注意、感心などを捉える」こと。
ex. The thought of going to the moon captured his imagination.（月へ行くという考えが彼の想像力を捉えた）

■ By way of Australia?
Don has taken a long time to arrive at the party. の意で用いられたもの。別の言い方をすればDid you come by oxcart?（牛車で来たのか？）とかDid you come by way of China?（中国経由で来たのか？）などとなる。

■ tell me the truth
「本当のことを言ってくれ」
To tell you the truthとすると「実は、本当のところ」。
cf. To tell you the truth, I'm married.（本当のことを言うと、私は結婚しています）

51

DON	:	Am I a good actor?
COSMO	:	Well, as long as I'm working for Monumental Pictures, you're the greatest of them all.
DON	:	Ah, no kidding, Cos. You're my pal. You can tell me.
COSMO	:	What's the matter with you? Of course you are good.
DON	:	Well, maybe you better keep telling me from time to time. I feel a little shaken.
COSMO	:	Ah, ha. The new Don Lockwood.
SIMPSON	:	(v.o.) Don!
DON	:	Oh, hi R.F.
SIMPSON	:	Don, it's colossal. Where have you been? We've been waiting for you. We've been holding the show for you.
LINA	:	There you are, Donnie. Where have you been? I was lonely.
DON	:	Hello, Lina.
SIMPSON	:	Okay, fellas, hold it. Together again, like two little stars. Don and Lina. No kidding, folks. Aren't they great?

Partygoers applaud.

SIMPSON	:	All right. Open that screen.
DON	:	A movie? We've just seen one.
COSMO	:	You've gotta show a movie at a party. It's a Hollywood law.
SIMPSON	:	Listen, everybody. I've got a few little surprises for you tonight. All right, everyone, sit down. Sit down. Listen. This is going to hand you a lot of laughs. There's a madman coming into my office now for months, and well…

Simpson calls to SAM who is operating the movie projector.

SIMPSON	:	You got that gadget working, Sam?
SAM	:	All set, Mr. Simpson.

ドン	:	僕はいい役者か？
コズモ	:	そうだな、僕がモニュメンタル・ピクチャーズで働いている限り、君はみんなの中で最高だよ。
ドン	:	おい、冗談はよせ、コズ。友達だろ。教えてくれ。
コズモ	:	どうしたんだ？ もちろん、君はいい役者さ。
ドン	:	じゃあ、時々、それを僕に言い続けてくれ。ちょっと自信がぐらついているんだ。
コズモ	:	ははあ。生まれ変わったドン・ロックウッドか。
シンプソン	:	（画面外）ドン！
ドン	:	あ、ハーイ、R・F。
シンプソン	:	ドン、素晴らしい。どこにいたんだ？ 君を待ってたんだぞ。君のためにショーを待たせていたんだ。
リーナ	:	そこにいたの、ドニー。どこへ行ってたのよ？ 私、寂しかったわ。
ドン	:	やあ、リーナ。
シンプソン	:	よし、みんな、そのまま。再び２つの小さな星がそろった。ドンとリーナ。冗談は抜きで、諸君、２人は偉大だろう？

パーティー客は喝采する。

シンプソン	:	よし。そのスクリーンを開けてくれ。
ドン	:	映画か？ 見てきたばかりじゃないですか。
コズモ	:	パーティーに映画はつきものさ。ハリウッドのおきてだ。
シンプソン	:	みんな、聞いてくれ。今夜はみんなをちょっと驚かせることがある。では、みんな座って。座って。聞いてくれ。これはみんなを大いに楽しませることだろう。頭のおかしな男が２か月間、わしのオフィスに通いつめて、それで…

シンプソンは映写機を操作しているサムに声をかける。

シンプソン	:	装置の用意はできたかね、サム？
サム	:	準備オーケーです、シンプソンさん。

■ as long as...
この表現は「〜もの間、〜だけ長く」の意でもよく使われる。
ex. Stay here as long as you like.（好きなだけ長くここにいて結構です）

■ pal
friend のくだけた言い方で、buddy ともする。なお、この語はしばしば見知らぬ人への呼びかけとして「あんた、君」の意でも使われる。
ex. We are good pals.（俺たちは仲のいいダチだ）

■ What's the matter with you?
= What's wrong?; What's causing you trouble or pain?; Is there something wrong with you?; Are you ill?
「どうしたの？」
相手のいつもと違った悲しそうな、元気のない様子を目にして尋ねる際の決まり文句。

■ from time to time
= once in a while; at times; now and then; not regularly; sometimes; occasionally

■ I feel a little shaken
My self-confidence has become a little uncertain ほどの意。

■ There you are.
「そこにいたの」
一般に相手に物を差し出して「はいこれ」、予想通りを示して「ほら言った通りでしょう」、人に注意して「また悪い癖が出た」などの意でも使われる。

■ Hold it.
= Stop everything.; Stop what you are doing.; Wait a moment.; Hold everything.
「やめろ」、「待て、そのまま、じっとして」

■ Together
= They are together

■ Open that screen
Draw back the curtains concealing that motion picture ほどの意。

■ surprise
思いがけないプレゼントとかパーティーなどを表して頻繁に使われる。

■ hand you a lot of laughs
= amuse you greatly

■ All set.
「準備オーケーです、手配完了です」
I'm all set. のこと。ここでの set は「準備ができている、用意が整っている」を意味する形容詞で、本文中のようにしばしば All set. の形で使われる。

53

SIMPSON : Okay, let her go.

On the screen, an image appears of a MAN talking.

MAN : (on screen) Hello. This is a demonstration of a talking picture. Notice, it is a picture of me, and I am talking. Note how my lips and the sound issuing from them are synchronized together in perfect unison.

Some of the partygoers comment on what they are seeing.

PARTYGOER 4: Who's that?
MAN : (on screen) Since the earliest days of the cinema, the concept of simultaneous sound has been the object of our pioneer...
PARTYGOER 5: There's somebody's talking behind that screen.
CARLA : Come out from behind the screen, Mr. Simpson.
SIMPSON : Carla, I'm right here.
MAN : (on screen) My voice has been recorded on a record. A talking picture. Thank you. Good-bye.
SIMPSON : Well?
PARTYGOER 5: It's just a toy.
CARLA : It's a scream!
PARTYGOER 6: It's vulgar.
ROD : R.F. Do you think they'll ever really use it?
SIMPSON : I doubt it. The Warner Brothers are making a whole talking picture with this gadget, "The Jazz Singer." They'll lose their shirts. What do you think of it, Dexter?
ROSCOE : It'll never amount to a thing.
COSMO : Ah, that's what they said that about the horseless carriage.
SIMPSON : Well, let's get on with the show. Okay, boys. Come on, my little starlets.

シンプソン　：じゃあ、始めてくれ。

スクリーン上に話している男の映像が現れる。

男性　　　：（スクリーン上で）こんにちは。これはトーキーの実演です。ご注目ください、これは私の映像で、私は話しています。私の唇とそこから出ている声が完璧に一致していることにご注目ください。

パーティー客の何人かが、見ている画像についてコメントする。

パーティー客4：あれは誰なの？
男性　　　：（スクリーン上で）映画の初期から、同時に音を出すという構想はわれわれ先駆者の目的でした…
パーティー客5：あのスクリーンの後ろで誰かが話しているのよ。
カーラ　　：スクリーンの後ろから出ていらっしゃい、シンプソンさん。
シンプソン：カーラ、わしならここにいるよ。
男性　　　：（スクリーン上で）私の声はレコードに録音されています。発声映画です。ありがとう。さよなら。
シンプソン：どうだ？
パーティー客5：ただのおもちゃだ。
カーラ　　：笑っちゃうわ。
パーティー客6：低俗だ。
ロッド　　：R・F。あれが本当に使われると思いますか？
シンプソン：それはどうかな。ワーナー・ブラザーズはこの装置を使って、オールトーキーを作っている。『ジャズ・シンガー』だ。大失敗するだろう。君はどう思うかね、デクスター？
ロスコー　：絶対、ものにはなりませんよ。
コズモ　　：ああ、それは馬なし馬車についても言われたことさ。
シンプソン：さあ、ショーを続けよう。オーケー、君たち。さあ、未来の女優たちのお出ましだ。

■ let her go
= start the gadget

■ talking picture
talking film, talking movie ともする。
■ notice
この意味では、通例、進行形は不可。
■ issue
= come out; flow out
ex. No words issued from her lips.（彼女の口からは一言も発せられなかった）
■ in perfect unison
unison とは2つ以上の声、音などの高さの一致、すなわち斉唱をいう。
■ simultaneous sound
simultaneous とは「同時の、同時に起こる」を意味する形容詞。
cf. She is a simultaneous interpreter.（彼女は同時通訳者だ）
■ It's a scream
ここでの scream は a scream として「非常にこっけいなもの・こと、冗談」の意。
■ vulgar
= cheap; contemptible; disgusting; inferior; repulsive; rude; unworthy
■ Warner Brothers
アメリカのメジャー映画会社の1つ。1917年、ニューヨークに映画会社を設立した Warner 家の四兄弟 Harry、Jack、Albert、それに Sam が設立した Warner Bros., Picture Inc. のこと。トーキーの研究開発に力を注ぎ、映画『ジャズ・シンガー』の一部にアメリカで初めてその手法を用い、以後映画界にトーキーの全盛期をもたらす。ちなみに最初のオール・トーキー映画は同社による *Lights of New York* (1928)。
■ lose one's shirt
= lose all one has; lose a lot of money
■ amount to…
= become
ex. He will amount to something.（彼はひとかどの人物になるだろう）
■ horseless carriage
= automobile
■ get on with…
ex. How are you getting on with your study?（勉強の進み具合はどうですか？）

Two kitchen staff wheel in a large, decorated cake topped with flowers.

SIMPSON : I have a delicious surprise. It's a very special cake. I want you kiddies to have the first piece.

Suddenly Kathy bursts out from the top of the cake dressed in a pink costume. She is shocked to see Don standing in front of her.

DON : Well, if it isn't Ethel Barrymore.

More Coconut Grove GIRLS run into the room. Don follows Kathy around, teasing her about what she is doing at the party.

DON : I do hope you're gonna favor us with something special tonight.
KATHY : Please.
DON : Say, Hamlet's soliloquy. Or the balcony scene from "Romeo and Juliet."
KATHY : Mr. Lockwood.
DON : Don't be shy. You'd make about the prettiest Juliet I've ever seen, really.

The girls form in the center of the room and begin a song and dance routine.

GIRLS : All I do is dream of you
The whole night through
With the dawn I still go on
Dreaming of you
You're every thought
You're everything
You're every song I ever sing
Summer, winter, autumn and spring
And were there more
Than twenty-four hours a day
They'd be spent in sweet content

| wheel in 持ち込む |
| topped with... ～が載せられた |
| you kiddies 君たち |
| if it isn't Ethel Barrymore |
| gonna |
| favor A with B AにBを贈る, ～をしてくれる |
| say あの, ちょっと, ねえ |
| Hamlet's soliloquy ハムレットの独白 |
| the balcony scene... and Juliet |
| make |
| All I do is dream of you |
| dawn 夜明け, 暁, 曙 |

2人の厨房係が、上に花の飾りの付いた大きなデコレーションケーキを運び込む。

シンプソン ： おいしいプレゼントを用意している。特製のケーキだ。君たち若い者に最初の一口を食べてもらいたい。

突然、ピンクの衣装をまとったキャシーがケーキのてっぺんから飛び出てくる。彼女は目の前にドンが立っているのを見てひどく驚く。

ドン ： おや、これはこれは、エセル・バリモアではないですか。

ココナツ・グローブの女性たちがさらに部屋に走り込んでくる。ドンはキャシーに付きまとい、パーティーでの彼女の行動をからかう。

ドン ： 今夜は何か特別なものを僕たちに見せてほしいものだね。
キャシー ： やめてよ。
ドン ： ほら、ハムレットの独白とか、あるいは『ロミオとジュリエット』のバルコニーの場面とかさ。
キャシー ： ロックウッドさん。
ドン ： 恥ずかしがることはない。君はこれまで僕が見たこともないほどきれいなジュリエットになるよ、本当にさ。

女性たちは部屋の中央で輪になって、お決まりの歌とダンスを始める。

女性たち ： 私はあなたの夢を見るだけ
一晩じゅう
夜明けになってもまだ
あなたの夢を見続ける
考えるのはあなただけ
あなたはすべて
私が歌う歌はすべてあなた
夏も冬も秋も春も
だからたとえ
1日が24時間以上でも
満ち足りて過ごすでしょう

■ **wheel in**
車輪の付いた台などに載せたものを押して入れること。

■ **you kiddies**
kiddies は kiddy (= kid; child) の複数形。kiddy は kiddie ともする。なお、kid は特に目下の者への親しみを込めた呼びかけ。

■ **if it isn't Ethel Barrymore**
= I'll be damned if it isn't Ethel Barrymore
なお、if it isn't... は思いがけないときに知人に会った際に用いる驚きの表現で、「〜だとは驚いた。これはこれは〜ではないですか」ほどの意。

■ **gonna**
going to の発音つづり。

■ **favor A with B**
favor = entertain
ex. Will you favor us with some magic?（手品を見せてくれませんか？）
ex. She favored us with a song.（彼女はわれわれに歌を歌ってくれた）

■ **say**
相手の注意を引く際に使われる間投詞。

■ **Hamlet's soliloquy**
シェイクスピアの悲劇『ハムレット』の中で主人公であるデンマークの王子ハムレットが第3幕第1場で苦しむ胸の内を吐露する To be or not to be − that is the question...（生か死か、それが問題じゃ…）で始まる、あの有名な独白を指したもの。

■ **the balcony scene...and Juliet**
キャピュレット家の舞踏会で会ったその瞬間に惹かれあったロミオとジュリエットが、ジュリエットの家のバルコニーでそれぞれの熱き思いを切々と語る。シェイクスピアの悲劇『ロミオとジュリエット』の第2幕第2場。

■ **make**
= be; become; develop into
ex. He will make a fine doctor.（彼は立派な医者になるだろう）

■ **All I do is dream of you**
曲名は All I Do Is Dream of You。Arthur Freed 作詞、Nacio Herb Brown 作曲。

GIRLS	:	Dreaming away
		When skies are gray
		When skies are blue
		Morning, noon and nighttime too
		All I do the whole day through
		Is dream of you
		It's the cat's meow!
		All I do the whole day through
		Is dream of you

Don races up to Kathy as soon as she finishes singing.

DON	:	I just had to tell you how good you were.
KATHY	:	Excuse me.
DON	:	No, no, no. Now don't go, now that I know where you live, I'd like to see you home.

Don points to the cake.

KATHY	:	Now, listen, Mr. Lockwood…
LINA	:	Say! Who is this dame, anyway?
DON	:	Oh, someone lofty and far above us all. She couldn't learn anything from the movies. She's an actress on the legitimate stage.

Kathy picks up a cake from the table to throw at Don.

KATHY	:	Here's one thing I've learned from the movies!

Kathy throws the cake. Don ducks out of the way and it hits Lina right in the face. Lina is shocked and tries to get to Kathy.

DON	:	Hey, wait. Lina!
LINA	:	Let me at her! I'll kill her!
DON	:	Now, Lina. Lina, she was aiming at me!

---

dream away　ぼんやり過ごす，夢うつつで過ごす

meow　ニャオ

race up to...　～へ素早く行く，～へさっさと動く
as soon as...　～するやいなや，～するとすぐに

Excuse me

now that...　～からには，～したから
see someone home　人を家まで送る，人を送り届ける

dame　女

She couldn't learn...the movies

legitimate stage　舞台

duck out of the way　ひょいとかがんで身をかわす
get to...　～に近づく，捕まえる，やっつける

aim at...　～を狙う，狙い打つ

女性たち ： 夢を見ながら
空が灰色のときも
空が青いときも
朝も昼も、そして夜の時間も
1日中、私はただ
あなたの夢をみるだけ
猫がニャー
1日中私はただ
あなたの夢を見るだけ

ドンはキャシーが歌い終えると、急いで彼女の元へ走る。

ドン ： 君はとてもすてきだったと、どうしても言いたかった。
キャシー ： 失礼。
ドン ： いや、いや、いや。ねえ、行かないでくれ。君の住まいもわかったことだし、家まで送っていきたいんだ。

ドンはケーキを指差す。

キャシー ： ねえ、聞いて、ロックウッドさん…
リーナ ： ちょっと！ とにかく、この女は誰なの？
ドン ： ああ、僕たちには手の届かない、雲の上のお方さ。映画から何も学ぶべきものはないって。正統派の舞台女優さんだ。

キャシーはドンに投げつけようと、テーブルからケーキを取り上げる。

キャシー ： 映画から学んだことが1つあるわ、これよ！

キャシーはケーキを投げつける。ドンがかがんで避けると、それはリーナの顔にまともに当たる。リーナはショックを受け、キャシーを捕まえようとする。

ドン ： おい、待てよ、リーナ！
リーナ ： あいつをやっつけてやる！ 殺してやるわ！
ドン ： なあ、リーナ。リーナ、彼女は僕を狙ったんだ！

■ meow
猫の鳴き声。The cat meows.（猫がニャオと鳴く）のように動詞としても使われる。mew ともする。なお「ごろごろ」と鳴く場合は purr。ちなみに犬が「わんわん」鳴く場合は bark、「きゃんきゃん」は yap/yelp、「くんくん」は whine、「ウゥー」は growl。

■ race up to...
race は to rush at top speed の意。
cf. He raced for the bus.（彼はそのバスに乗ろうとして走った）

■ as soon as...
ex. I'll tell her the news as soon as I see her.（彼女に会ったらすぐにその知らせを伝えます）

■ Excuse me.
「失礼します」「ごめんなさい」
相手に触れるなどエチケットに違反したとき、中座するとき、立ち去るときなどに使われる表現。また Excuse me, but... などとして、見知らぬ人に話しかける際や Excuse me?（何ですか？）と相手に聞き返す際などにも頻繁に使われる。

■ see someone home
「家まで車で送る」は drive someone home、drive/take someone home in one's car、駅や空港などで「見送る」とする場合は see off someone、see someone off とする。
cf. I'll take you home in my car.（私の車で家まで送りましょう）

■ dame
かつては身分のある婦人に対する尊称だったが、現在は比喩的に用いられる。時に不快とされる。リーナがキャシーに敵対心を抱いていることがわかる。

■ She couldn't learn...the movies
ここでの could は能力や可能性などを表す条件節の内容を言外に含めた婉曲的語法で、文尾の even if she tried が省略されたものと考える。
cf. You couldn't do that.（そんなことはできっこないさ）

■ legitimate stage
テレビ劇、映画に対する舞台。なお、legitimate とは「合法の、本物の、正劇の」の意で、専門の俳優によって上演される舞台劇に使われる。

Kathy runs away as Cosmo arrives.

COSMO : Lina, you've never looked lovelier.

DON : Hey now. It was just a little accident.
COSMO : Sure, it happens to me five or six times a day.
DON : Where is she?

Don races after Kathy and Cosmo walks off in the other direction. Lina is left by herself with cake on her face.

LINA : Donnie?

Don enters the dressing room where the girls are getting changed.

DON : Excuse me. Where'd Miss Selden go?
GIRL : She just grabbed her things and bolted. Anything I can do?
DON : Sorry. I don't have time to find out.

EXT. SIMPSON'S HOUSE - NIGHT - Kathy is driving off in her car as Don comes through door calling out.

DON : Kathy! Hey, Kathy! Hey!

---

walk off　歩き去る
in the other direction　他の方向へ, 別の方へ
dressing room　楽屋
get changed　着替える
Where'd
grab　素早く手に取る, つかむ
bolt　駆け出す, 飛び出す
Anything I can do
I don't have...find out

キャシーはコズモが来ると、走り去る。

コズモ ：リーナ、今までこれほどすてきに見えたことはなかったよ。

ドン ：あのさあ。今のはちょっとしたはずみだったんだ。

コズモ ：そうとも、僕には1日に5、6回は起こってるよ。

ドン ：彼女はどこだ？

ドンはキャシーの後を走って追いかけ、コズモは別の方向に歩いていく。リーナは顔にケーキを付けたまま、1人残される。

リーナ ：ドニー？

ドンは女性たちが着替えをしている楽屋に入る。

ドン ：失礼。ミス・セルデンはどこへ行ったかな？
女性 ：荷物をつかんですっ飛んでいったわよ。私にできることないかしら？
ドン ：申し訳ない。後で考えてみるよ。

屋外－シンプソンの屋敷－夜－ドンが呼びながらドアの外に出てくると、キャシーは自分の車に乗って走り去っていく。

ドン ：キャシー！　おーい、キャシー！　おーい！

■ in the other direction
「正しい方向に」は in the right direction、「同じ方向に」は in the same direction、「反対の方向に」は in the opposite direction、「四方八方に」は in all directions, in every direction、「北の方向に」は in a northerly direction。
cf. He walked in the direction of the station.（彼は駅の方へ歩いた）

■ get changed
= change their clothes
cf. She changed into a new dress.（彼女は新しいドレスに着替えた）

■ Where'd
= Where did

■ bolt
= run away; hurry away

■ Anything I can do?
= Is there anything I can do?
ただし、この場合は Is there anything I can do to entertain you? との意が込められている。

■ I don't have time to find out
文字通りの訳「（あなたにやってもらうことが何かあるかを）見つける時間が私にはない」から「確かめる時間はない → 後で考えてみるよ」。

Talking Pictures

⑤ INT. MONUMENTAL PICTURES STUDIO - DAY - Filming is underway. The DIRECTOR calls out orders to the actors.

DIRECTOR : Gotta keep that action going. Come on. Let's go. Let's have more steam in the kettle. A little more action, boys. And a little more rhythm, boys. More steam and more water in that kettle.

Don walks past the set to Cosmo and another MAN, greeting MAX.

DON : Hiya, Maxie.
MAX : Hi, Don.
DON : Good morning, fellas.
COSMO : Oh, hiya, Don. Hey, did you read "Variety" today? "First talking picture novelty, 'The Jazz Singer,' all-time smash by end of first week."
MAN : All-time flop by end of the second.
DON : Well, we start today.
MAN : Good luck.
DON : Thanks. I am now Comte Pierre de Battaille, better known as the "Duelling Cavalier."
COSMO : Yeah, what's this one about?
DON : It's a French Revolution story.
COSMO : Don't tell me. You're a French aristocrat, and she's a simple girl of the people...and she won't even give you a tumble. Ha!
DON : Well, it's a living.

Don and Cosmo walk past other sets where many ACTORS and actresses are performing.

be underway	進行中である、進んでいる
Gotta ↩	
walk past	歩いて通り過ぎる ↩
greet	あいさつする
Hiya ↩	
Variety	バラエティー誌 ↩
novelty	目新しさ
The Jazz Singer	→ p.32
all-time smash	空前の大ヒット ↩
flop	(俗)失敗 ↩
Comte Pierre de Battaille	(仏) ↩
Duelling Cavalier	闘う騎士
French Revolution	フランス革命
Don't tell me ↩	
aristocrat	貴族
simple girl of the people	平民の娘
she won't...tumble ↩	
it's a living	それも生活のため

62

トーキー映画

TIME 00:25:23
☐ ☐ ☐ ☐ ☐ ☐

屋内―モニュメンタル・ピクチャーズのスタジオ―昼―撮影が進行中。監督は俳優たちに大声で指示を出している。

監督 ： そのアクションを続けろ。さあ、やかんからもっと蒸気を出せ。もう少しアクションだ、君たち。それに、もう少しリズムだ、みんな。もっと蒸気を、そのやかんにもっと水を入れろ。

ドンはセットの中を通ってコズモともう１人の男の方に歩いていき、マックスにあいさつする。

ドン ： やあ、マキシー。
マックス ： やあ、ドン。
ドン ： おはよう、みんな。
コズモ ： おや、どうも、ドン。なあ、今日の「バラエティー」を読んだかい？『初めてのトーキー映画の斬新さ、『ジャズ・シンガー』第１週末に空前の大ヒット』。
男性 ： 第２週の終わりには空前の大失敗さ。
ドン ： さて、僕たちは今日からスタートだ。
男性 ： がんばって。
ドン ： ありがとう。僕は今度は闘うピエール伯爵だ。『闘う騎士』としての方がよく知られている。
コズモ ： で、これはどんな話だ？
ドン ： フランス革命の話さ。
コズモ ： 言わないでくれ。君はフランスの貴族で、彼女は平民の娘…しかも彼女、君には目もくれない。ハ！
ドン ： まあ、これも生活のためさ。

ドンとコズモは、大勢の男優や女優が演技をしているほかのセットの前を歩いていく。

■ **Gotta**
= You've got to; You must

■ **walk past**
ここでの past は「通り過ぎて」を意味する前置詞。
cf. He ran past her house.（彼は彼女の家を走って通り過ぎた）

■ **Hiya.**
「こんにちは、やあ元気か？、どうだい？」How are you? のこと。Hi ya ともする。

■ **Variety**
1905年創刊の映画、テレビ、ラジオ、ブロードウェイなどをカバーするショービジネス誌。毎週水曜日発行。

■ **all-time smash**
smash hit ともする。なお、all-time とは「空前の、かつてない」。また smash は a total success, a very successful piece of entertainment のこと。
ex. The new movie was a smash.（その新作映画は大ヒットだった）

■ **flop**
= failure
この語が「どさっと落ちること、倒れること」の意を表すことから。

■ **Comte Pierre de Battaille**
= Count of battling Pierre

■ **French Revolution**
1789年7月に起きたバスティーユ監獄の破壊に始まり、ブルボン王朝の絶対君主制や貴族の特権制度を瓦解させ、1799年にナポレオンが主権を獲得したときまでをいう。

■ **Don't tell me**
I can imagine the plot といったところ。

■ **simple girl of the people**
ここでの simple は「身分や地位が低い、地位のない平民の」を意味する文語。
cf. He is a simple office worker.（彼は平社員です）

■ **she won't...tumble**
she won't even acknowledge your amorous advances ほどの意。give someone a tumble は「人を相手にする」。

63

DON	: Morning.	Morning　おはよう
ACTOR	: Hi.	

A different director gives orders to them.

DIRECTOR	: Take it up. Keep the background going. Hit him, hit him, come on. Knock him down. Get up there and hit him again. Hurry up. Take it up…	take up　取り上げる、従事する、再開する、始める knock someone down　人を殴り倒す Hurry up
COSMO	: Hey, why bother to shoot this picture? Why don't you release the old one under a new title? If you've seen one, you've seen them all.	bother to　わざわざ〜する shoot　(映画を)撮影する Why don't you...　〜したらどうですか
DON	: Hey, what'd you say that for?	what...for　どうして、なぜ
COSMO	: What's the matter?	
DON	: That's what that Kathy Selden said to me that night.	
COSMO	: That's three weeks ago. Are you still thinking about that?	
DON	: Well, I can't get her out of my mind.	get...out of one's mind　〜のことを考えない、〜を忘れる
COSMO	: How could ya? She's the first dame who hasn't fallen for your line since you were four.	How could ya She's the...were four
DON	: I guess she's on my conscience.	be on one's conscience　〜のことで気がとがめる
COSMO	: Well, it's not your fault she lost her job at the Grove.	
DON	: Anyway, I've got to find her.	
COSMO	: Well, you've been trying to, haven't ya? Short of sending out bloodhounds and a posse.	Short of bloodhound　ブラッドハウンド posse　警官隊
DON	: I suppose so.	
COSMO	: Come on, now. Snap out of it. You can't let a little thing like this get you down. Why, you're Don Lockwood, aren't you? And Donald Lockwood's an actor, isn't he? Well, what's the first thing an actor learns? The show must go on! Come rain, come shine, come snow, come sleet, the show must go on!	snap out of it　気を取り直す、元気を出す、立ち直る get...down　がっかりさせる、憂鬱にさせる、悲しくさせる The show must go on sleet　みぞれ

64

ドン	:	おはよう。
男優	:	やあ。

別の監督が彼らに指示を与える。

監督	:	スタート。背景を動かし続けて。やつを殴れ、やつを殴れ、さあ。やつを殴り倒して。そこで立ち上がって、もう一度、やつを殴れ。急いで。スタート…
コズモ	:	なあ、何でわざわざこの映画を撮るんだ？ 昔の映画を、題名を変えて公開したらどうだい？１本見れば、全部、見たのと同じじゃないか。
ドン	:	おい、何で今の言葉を言ったんだ？
コズモ	:	どうした？
ドン	:	それはキャシー・セルデンが僕にあの晩、言ったセリフだ。
コズモ	:	それは３週間前のことじゃない。まだそのことを考えているのか？
ドン	:	実は、彼女のことが頭から離れないんだ。
コズモ	:	よくもまあ？ 彼女は君が４歳のとき以来、君にほれなかった最初の女性ってわけだ。
ドン	:	彼女のことで良心がとがめているんだと思う。
コズモ	:	いいか、彼女がココナツ・グローブを首になったのは君のせいじゃない。
ドン	:	とにかく、彼女を見つけなくては。
コズモ	:	だけど、ずっと手を尽くしていたんだろ？ ブラッドハウンドと捜索隊を出すこと以外はね。
ドン	:	そうだな。
コズモ	:	さあ。元気を出せよ。こんなささいなことで落ち込んじゃだめだ。いいか、君はドン・ロックウッドだろう？ それにドナルド・ロックウッドは役者だろう？ で、役者が学ぶ最初のことは何だ？ ショーを続けなくてはならない！ 雨が降ろうと、晴れようと、雪が降ろうと、みぞれになろうと、ショーは続けなきゃいけないのさ！

■ Morning
good morning の good を略しただけの言い方で、Afternoon（こんにちは）、Evening（こんばんは）とすることと同じ。

■ knock someone down
cf. The wind knocked the tree down.（風で木がなぎ倒された）

■ Hurry up.
「急げ、早くしろ」
ex. Hurry up, or you'll be late for school.（急がないと学校に遅れるぞ）

■ bother to
ex. Don't bother to get up.（わざわざ起き上がらなくて結構です）

■ shoot
ex. The director is shooting his new movie in Tokyo.（その監督は新しい映画を東京で撮影している）

■ Why don't you...
ex. Why don't you give her a call?（彼女に電話したらどうですか？）

■ what...for
= why
ex. What did you that for?（何でそんなことをしたんだね？）

■ get...out of one's mind
get...out of one's head ともする。

■ How could ya?
How could you get her out of your mind? のこと。ya は you の意。

■ She's the...were four
She is the first girl not to yield to your charm since you were four years old ほどの意。fall for は fall in love with の意。

■ Short of
ここでの short of は except の意で使われたもの。なお、short は I'm short of money.（私は金に困っている）のように「～が不足して」の意でも頻繁に使われる。

■ bloodhound
大型犬で主に捜索などに使われる。

■ posse
緊急事態に対応するためのもので、ここでは「捜索隊」ほどの意。

■ get...down
ex. Don't let this get you down.（こんなことで参っちゃだめだ）

■ The show must go on
ここでは芸人の鉄則として使われたものだが、この表現は「いろいろ困難があっても生きていかねばならない」の意で使われる諺でもある。

Cosmo takes a hat from a costume trolley and puts it on.

COSMO : So, ridi, Pagliacci, ridi.
DON : Ridi, huh?
COSMO : Yeah. Don, the world's so full of a number of things, I'm sure we should all be as happy as… But are we? No. Definitely no. Positively no! Decidedly no! Uh, uh. Short people have long faces, and long people have short faces. Big people have little humor, and little people have no humor at all. And in the words of that immortal bard, Samuel J. Snodgrass as he was about to be led to the guillotine...

Cosmo begins singing and dancing.

COSMO : Make 'em laugh
Make 'em laugh
Don't you know, everyone wants to laugh
My dad said, "Be an actor, my son
But be a comical one"
They'll be standin' in lines
For those old honky-tonk monkeyshines
Now you could study Shakespeare and be quite elite
And you could charm the critics and have nothing to eat
Just slip on a banana peel
The world's at your feet
Make 'em laugh
Make 'em laugh
Make 'em laugh

Cosmo is surprised because the board he was stepping over is lifted up by men, but he still continues to sing.

COSMO : Make...
Make 'em laugh
Don't you know, everyone wants to laugh

コズモは衣装を運ぶカートから帽子を取り、被る。

コズモ　　：だから、笑えよ、ピエロ君、笑うんだ。
ドン　　　：笑え、か？
コズモ　　：そうさ。ドン、この世はたくさんのことでいっぱいだ。僕たちは皆、幸せになるべきだ、できる限り…でも、幸せだろうか？　いや。絶対にそうではない。断じて違う。断固、違う。ああ、背の低い人は顔が長い、背の高い人は顔が短い。大柄の人はほとんどユーモアがない、そして小柄な人にはまったくユーモアがない。そしてあの不滅の吟唱詩人、まさにギロチンにかけられようとしていたサミュエル・J・スノッドグラスの言葉によると…

コズモは歌とダンスを始める。

コズモ　　：人を笑わせろ
　　　　　　　人を笑わせろ
　　　　　　　知らないのか、誰もが笑いたがっている
　　　　　　　僕の親父はこう言った、「役者になれ、息子よ。だが喜劇役者になるんだ」と
　　　　　　　人は列を成して並ぶだろう
　　　　　　　お決まりの安っぽいドタバタを見ようとして
　　　　　　　いまやシェイクスピアを研究し、エリートになり
　　　　　　　そして批評家に気に入られても、食べてはいけない
　　　　　　　バナナの皮で滑るだけで
　　　　　　　世間は思いのままさ
　　　　　　　人を笑わせろ
　　　　　　　人を笑わせろ
　　　　　　　人を笑わせろ

コズモはまたいでいた板が男たちに持ち上げられたのでびっくりするが、しかし、それでも歌い続ける。

コズモ　　：…せろ
　　　　　　　人を笑わせろ
　　　　　　　知らないのか、誰もが笑いたがっている

Singin' in the Rain

■ **ridi, Pagliacci**
= laugh, clown
Pagliacci（道化師）はイタリアの作曲家 Ruggiero Leoncavallo（1857-1919）作詞、作曲の2幕オペラで、初演は1892年。旅興行を続ける一座で女優を務める妻の浮気を知った道化師の座長が苦しみ悩んだ末、村芝居の最中に妻とその恋人を刺し殺すという愛憎劇。

■ **the world's…of things**
文字通りに訳したが、ここでは There are many enjoyable things の意を暗示する。スコットランドの作家 Robert Louis Belfour Stevenson（1850-94）の詩集 *A Child's Garden of Verses*（1885）に収められている Happy Though からの引用。

■ **we should…happy as**
次に先ほどの things と顔が踏んでいる kings が省略されている。

■ **definitely no**
no を強調した言い方。

■ **short people**
short は「背が低い」。

■ **long faces**
sad faces を暗示したもの。

■ **short faces**
merry faces を暗示したもの。

■ **Samuel J. Snodgrass**
架空の詩人。

■ **be about to…**
be going to より差し迫った未来を表す。そのため、通例、tomorrow、next week、in the near future などの未来を表す副詞（句）とともに用いない。

■ **guillotine**
罪人の首を落とす断頭刑はフランス革命時代に広く行われた。

■ **Make 'em laugh**
曲名は *Make 'em Laugh*。Arthur Freed 作詞、Nacio Herb Brown 作曲。

■ **stand in lines**
line に代わって queue も使われるが、line の方が口語的。なお、line は縦の列で、横の列は row。
ex. Please stand in this line.（この列に並んでください）
cf. Arrange the desks in five rows.（机を横5列に並べなさい）

■ **monkeyshines**
イギリスでは monkey-tricks という。

■ **at a person's feet**
魅力や尊敬の念からひれ伏すことをいう。

COSMO : My grandpa said, "Go out and tell 'em a joke
But give it plenty of hoke"
Make 'em roar
Make 'em scream
Take a fall
Butt a wall
Split a seam
You start off by pretending
You're a dancer with grace
You wiggle 'til they're
Giggling all over the place
And then you get a great big custard pie in the face
Make 'em laugh
Make 'em laugh
Make 'em laugh

Cosmo crashes into a closed door and pretends to have hurt his face.

COSMO : Make 'em laugh
Don't you know…all the…wants…?
My dad…
They'll be standin' in lines
For those old honky-tonk monkeyshines
Make 'em laugh
Make 'em laugh
Don't you know everyone…
Make 'em laugh
Make 'em laugh
Make 'em laugh
Make 'em laugh
Make 'em laugh
Make 'em laugh

INT. STUDIO - DAY - Roscoe gets Don from his dressing room.

ROSCOE : Ready, Don?
DON : All set, Roscoe.

コズモ	：僕の祖父はこう言った、「さっさと冗談を言ってやれ
	だが、ばか話をたっぷりしろ」と
	みんなを大いに笑わせろ
	キャーキャー言わせろ
	転べ
	壁に頭をぶっつけろ
	縫い目を引き裂け
	ふりから始めろ
	上品なダンサーの
	体をくねらせ
	劇場中の客がくすくす笑うまで
	それから、どでかいカスタードパイを顔に受けろ
	人を笑わせろ
	人を笑わせろ
	人を笑わせろ

コズモは閉まっているドアにぶつかり、顔にけがをしたふりをする。

コズモ	：人を笑わせろ
	知らないのか…みんな…望んでいる…？
	僕の親父は…
	人は列を成して並ぶだろう
	お決まりの安っぽいドタバタを見ようとして
	人を笑わせろ
	人を笑わせろ
	知らないのか、誰もが…
	人を笑わせろ
	人を笑わせろ
	人を笑わせろ
	人を笑わせろ
	人を笑わせろ

屋内－スタジオ－昼－ロスコーはドンを楽屋から呼び出す。

ロスコー	：用意はいいか、ドン？
ドン	：準備オーケーだ、ロスコー。

■ go out and...
go out and do の形で「～しに出かける、わざわざ～する、さっさと～する」ほどの意を表す。

■ hoke
hokum ともいう。

■ roar
= to laugh loudly
ex. They roared at his joke.（彼らは彼のジョークに大笑いした）

■ seam
布や布の縫い目、板、レンガなどの合わせ目、継ぎ目をいう。

■ pretend
他人をだますために本当らしく思わせようとすること。
ex. He pretended to be a lawyer.（彼は弁護士のふりをした）

■ grace
= attractiveness; beauty; charm; cultivation; decency; elagance; refinement

■ 'til
till、until の非標準用法。

■ Ready
文頭の Are you が省略されたもの。

69

ROSCOE	: Well, here we go again. I think we have another smash on our hands.	here we go again ↩ on one's hands 世話することになって, 手元に ↩
DON	: I hope so.	
ROSCOE	: You're darn tootin' we have. Where's Lina?	You're darn tootin' ↩

Lina steps out of her dressing room in a hoopskirt and high wig accompanied by two ATTENDANTS.

hoopskirt フープスカート ↩
wig かつら
accompany 同行する, 随行する, 同伴する

ATTENDANT 1	: Here she is, Mr.Dexter.	Here she is ↩
ROSCOE	: Well, well, here comes our lovely leading lady now.	leading lady ↩
LINA	: Gee, this wig weighs a ton. What dope would wear a thing like this?	weigh 重さがある ↩ ton トン ↩ dope (俗)ばか, 間抜け
ROSCOE	: Everybody used to wear them, Lina.	
LINA	: Well, then everybody was a dope.	
ATTENDANT 1	: Honey, you look just beautiful.	
ROSCOE	: Yes, you look great. Let's get into the set.	

A stagehand, Joe, passes Don his cane.

stagehand 舞台係, 裏方
cane つえ, ステッキ

DON	: Thanks, Joe.	
LINA	: I looked for you the other night at Wally Ray's party. Where were you?	look for... ～を探す
DON	: Oh, I've been busy.	

Roscoe checks the lighting in the background.

ROSCOE	: Give us the light, Sam?	
LINA	: And I know what you've been busy at lookin' for that girl.	
DON	: As a matter of fact, yes.	as a matter of fact 実のところ, 実を言うと, 実際に ↩
LINA	: Why?	
DON	: I've been worried about her.	
LINA	: Well, you should've been worried about me, you little... After all, I'm the one who got the whipped cream in the kisser.	got the...in the kisser ↩
DON	: Yes, but you didn't lose your job, and she did.	
LINA	: You're darn tootin' she did. I arranged it.	

Singin' in the Rain

ロスコー	：	じゃあ、また始めるぞ。また大成功がわれわれの手にかかっている。
ドン	：	そう願いたいね。
ロスコー	：	絶対に間違いなしだ。リーナはどこだね？

リーナは大きく膨らんだスカートと高さのあるかつらを身に着け、2人の付き人に付き添われて楽屋から現れる。

付き人1	：	さあ、お出ましです、デクスターさん。
ロスコー	：	これは、これは、美しき主演女優のお出ましだ。
リーナ	：	もう、このかつら、ものすごく重いじゃない。どんなバカがこんなものを着けるのかしら？
ロスコー	：	昔はみんなそういうのを着けていたんだ、リーナ。
リーナ	：	じゃあ、みんなおバカさんだったのね。
付き人1	：	ハニー、とてもおきれいですよ。
ロスコー	：	そうだ、とてもきれいだ。セットに入ろう。

裏方のジョーがドンにステッキを渡す。

ドン	：	ありがとう、ジョー。
リーナ	：	先日の晩、ウォリー・レイのパーティーであなたを探してたのよ。どこにいたの？
ドン	：	うん、このところ忙しくってね。

ロスコーは背景の照明を調べる。

ロスコー	：	照明を頼む、サム？
リーナ	：	それに私、あなたがあの娘を探すのに忙しいことを知ってるわ。
ドン	：	実は、そうなんだ。
リーナ	：	何で？
ドン	：	あの子のことが心配だからさ。
リーナ	：	ねえ、私のことを心配してくれたってよかったんじゃない、この…結局、顔面にホイップクリームを食らったのは私なんだから。
ドン	：	ああ、だが君は失業しなかったけど、あの子は失業さ。
リーナ	：	確かにその通りね。私がそうさせたの。

■ Here we go again.
= The same events are happening again.; We are going to experience the same thing again.; We are going to hear about or discuss the same thing again.
「ああ、またか」「やれやれ」
通例、あまり喜ばしくないことが繰り返し起こった際に使われる決まり文句。ただし、ここでは「さあ、いこうか」ほどの意で使われたもの。

■ on one's hands
ここでは、成功がわれわれの手にかかっている、ということ。

■ You're darn tootin'
That is emphatically true とか You are absolutely true ほどの意。

■ hoopskirt
釣り鐘型に輪骨を入れて膨らませたスカート。hoop とは「輪」のこと。

■ Here she is
ここでの here は文頭に置いて人の注意を喚起し、「ほらここに」を意味する副詞。
cf. Here she comes.（ほら彼女が来た）

■ leading lady
= a lady playing an important role in a play or film
leading は「主な、最も重要な、主役を演ずる」の意。

■ weigh
物の重量や体重を言い表す際に使われる。なお、weigh の名詞 weight を使って言い表す場合も多い。
ex. How much do you weigh? = What is your weight?（体重はどのくらいですか？）

■ ton
1トンは907.18キログラム。ただし、ここでは「すごく重い」ほどの意を表した誇張表現。

■ stagehand
劇場演出で大道具、小道具を動かす道具係、照明係などをいう。なお、hand とは、通例、修飾語を伴って肉体労働や一般的な職務に従事する「働き手、労働者、職人」の意。

■ as a matter of fact
ex. As a matter of fact, you are absolutely right.（実のところ、まったくあなたの言う通りです）

■ got the...in the kisser
= was hit with the cake in the face
kisser は俗語で「顔、あご、口」の意。

71

DON	: What?	
LINA	: Well, they weren't gonna fire her, so I called them up and told them they'd better.	'd better... ～した方がいい、～した方が身のためだ

Roscoe rushes up to Don.

ROSCOE	: Okay, Don, now remember. You're madly in love with her, and you have to overcome her shyness and timidity. (to Cosmo) Cosmo, mood music. Roll 'em! Okay, Don. Now enter. You see her. Run to her!	be in love with... ～に恋している madly すごく overcome 克服する timidity 臆病、内気、小心 Roll 'em

Don and Lina maintain poses and facial expressions for the movie, but carry on their argument about what happened to Kathy.

		carry on... ～を続ける、継続する
DON	: Why, you rattlesnake, you. You got that poor kid fired.	why この～、まったくもう rattlesnake ガラガラヘビ You got that poor kid fired
LINA	: That's not all I'm gonna do if I ever get my hands on her.	That's not...gonna do get one's hands on... ～を捕まえる、～に近づく
DON	: I never heard of anything so low.	low 卑劣な、粗野な、低級な、下劣な
ROSCOE	: Fine, fine. Looks great.	
DON	: What did you do it for?	
LINA	: 'Cause you liked her. I could tell.	'Cause I could tell
DON	: So that's it. Believe me, I don't like her half as much as I hate you. You reptile.	that's it そういうことか Believe me いいかね、実はね I don't like...hate you reptile 爬虫類
LINA	: Sticks and stones may break my bones...	Sticks and stones...my bones
DON	: I'd like to break every bone in your body.	
LINA	: You and who else, you big lummox?	lummox でくのぼう、のろま
ROSCOE	: Now, kiss her, Don.	

The two kiss passionately.

ROSCOE	: (v.o.) That's it! More! Great! Cut!
LINA	: Oh, Donnie.

Singin' in the Rain

ドン	：	何だって？
リーナ	：	ほら、連中があの娘を首にしようとしなかったので、私が彼らに電話して首にした方がいいと言ってやったのよ。

ロスコーがドンの所に急いでやってくる。

ロスコー	：	オーケー、ドン、いいか、忘れないでくれ。君は彼女に首ったけで、彼女の恥じらいと内気さを克服しなければならないんだ。（コズモに）コズモ、ムードミュージックだ。スタート！ いいぞ、ドン。さあ、出てくる。彼女の姿を見る。彼女に駆け寄る！

ドンとリーナは映画用のポーズと顔の表情を保ちながら、キャシーの身に起こったことについての口論を続ける。

ドン	：	まったく、君はガラガラヘビだ、君ってやつは。あのかわいそうな娘を首にさせたとは。
リーナ	：	私があの娘をとっ捕まえたら、それ以上のことをするつもりよ。
ドン	：	僕はこれまでそんな卑劣なことは聞いたことがない。
ロスコー	：	いいぞ、いいぞ。素晴らしい。
ドン	：	何でそんなことをしたんだ？
リーナ	：	あなたがあの娘のことを気に入っていたからよ。私にはわかったわ。
ドン	：	そういうことか。いいか、僕は君よりあの娘の方がずっと好きだ。この爬虫類め。
リーナ	：	棒や石なら私の骨を砕くでしょうけど…
ドン	：	おまえの身体中の骨という骨を折ってやりたいよ。
リーナ	：	あなたと他の誰がよ、このでくのぼうが？
ロスコー	：	今だ、彼女にキスするんだ、ドン。

2人は熱いキスを交わす。

ロスコー	：	（画面外）そうだ！ もっとだ！ いいぞ！ カット！
リーナ	：	まあ、ドニー。

■ 'd better...
= had better...
had better は、通例、年下の人に対して使われて忠告や軽い命令を表したり、時に脅迫の意を表す。くだけた会話では had better は 'd better となったり、had が完全に省略されて better となったりする。

■ Roll 'em
roll は撮影用のカメラを回し始めること。

■ why
ここでは抗議、いら立ち、怒りなどを表して使われる間投詞。

■ rattlesnake
アメリカ産ガラガラヘビ属の毒蛇。体長40cmの小型種から2.5mを超える巨大なものまで。尾の先端に付いた角質環を振るとシャーという音が出る。

■ You got that poor kid fired
「S + get + O + C」の型で「S は O を C の状態にしてしまう」の意を表す。ここでの C は形容詞、過去分詞。
ex. He got her drunk.（彼は彼女を酔わせた）

■ That's not...gonna do
= I am going to do more than that

■ get one's hands on...
危害を加えるために捕まえることをいう。

■ 'Cause
= Because
Cuz とすることもある。

■ I could tell
I could realize it ほどの意。

■ that's it
ここでは不快なことに対して失望を表して使われたもの。

■ Believe me
= Please believe me what I'm saying
強調するときは Believe you me とする。

■ I don't like...hate you
文字通りの訳「君を嫌いな分の半分も僕は彼女が好きじゃない」から「彼女へのいとおしい気持ちより何倍も君が憎い」→「君なんかより彼女の方がずっと好きだ」。

■ Sticks and stones...my bones
,but words will never harm me. と続く。「棒切れや石なら私の骨を砕くでしょうが、言葉なら私にけがを負わせることはない」という、子どもが悪口を言う者に向かって用いる表現。

■ lummox
lummux ともする。

73

LINA	:	You couldn't kiss me like that and not mean it just a teensy-weensy bit.
DON	:	Meet the greatest actor in the world. I'd rather kiss a tarantula!
LINA	:	You don't mean that.
DON	:	I don't... (to Joe) Hey, Joe, bring me a tarantula. (to Lina) Now, listen, Lina, I'm telling ya...
ROSCOE	:	Stop that chitchat, you lovebirds. Let's get another take.

Simpson suddenly arrives on the set, walking past some stagehands and supporting ACTRESSES.

SIMPSON	:	Hold it! Hold it, Dexter!
ACTRESS 1	:	Hello, Mister Simpson.
ACTRESS 2	:	Hello.
ROSCOE	:	Hello, Mister Simpson. We're really rolling.

SIMPSON	:	Well, you can stop rolling at once.
ROSCOE	:	Huh?
SIMPSON	:	Don, Lina.
ROSCOE	:	All right, everybody, save it!
SIMPSON	:	Save it? Tell them to go home. We're shutting down for a few weeks.
ROSCOE	:	What?
SIMPSON	:	Well, don't just stand there, tell them!

ROSCOE	:	Everybody go home until further notice! (to Simpson) What is this?
DON	:	Yeah, what's the matter, R.F.?
SIMPSON	:	"The Jazz Singer," that's what's the matter. "The Jazz Singer."

Cosmo starts playing the piano and singing in a funny voice.

COSMO	:	Oh, my darlin' little mammy Down in Alabamy
SIMPSON	:	This is no joke, Cosmo.

リーナ	:	あんな熱いキスをしておいて、ちっとも本気じゃないなんて通らないわよ。
ドン	:	世界一の俳優ともなれば話は別だ。タランチュラにキスする方がまだましさ！
リーナ	:	それ本気で言ってるんじゃないでしょ。
ドン	:	僕は…（ジョーに）おい、ジョー。タランチュラを持ってきてくれ。（リーナに）いいか、よく聞け、リーナ。僕が言っているのは…
ロスコー	:	おしゃべりはやめて、お熱いお2人さん。次のシーンを撮ろう。

シンプソンが突然セットに現われ、裏方や助演女優たちのそばを通って歩いてくる。

シンプソン	:	止めろ！　止めるんだ、デクスター！
女優1	:	こんにちは、シンプソンさん。
女優2	:	こんにちは。
ロスコー	:	こんにちは、シンプソンさん。今、まさに撮影中です。
シンプソン	:	じゃあ、その撮影をすぐ止めてくれ。
ロスコー	:	ええっ？
シンプソン	:	ドン、リーナ。
ロスコー	:	わかりました、みんな、休憩だ！
シンプソン	:	休憩？　連中に家へ帰るように言ってやれ。数週間、撮影は中止だ。
ロスコー	:	何ですって？
シンプソン	:	おい、そこに突っ立っていないで、連中に言わないか！
ロスコー	:	みんな、追って連絡がいくまで家に帰るんだ。（シンプソンに）一体これは、何なんですか？
ドン	:	そう、どうしたんです、R・F？
シンプソン	:	『ジャズ・シンガー』だ。そういうことだよ。『ジャズ・シンガー』だ。

コズモはピアノを弾き、変な声で歌い始める。

コズモ	:	ああ、僕のいとおしい母さんは 遠くアラバマにいる
シンプソン	:	冗談じゃないんだ、コズモ。

■ teensy-weensy bit
a little bit を表す子どもっぽい表現。
■ Meet...
文字通りの訳「〜に会ってみたまえ」から「〜に会ったらわかるさ、〜ともなれば話は別さ」ほどの意になる。
■ tarantula
このクモにかまれると発熱して踊り狂うという伝説があるが、実際には毒性はそれほど強くない。
■ lovebirds
口語で単数形では「恋をしている人」、複数形では「恋人同士」。一般には「鳥のインコ」。
■ supporting actress
「助演男優」は a supporting actor、「脇役」は a supporting part/role。

■ at once
= without delay; right now; immediately; right away; right off

■ save it
= stop what you are doing and await further orders
なお、この表現は「黙っている、口をつぐむ」の意でも使われる。

■ until further notice
notice は「通知、通報」の意で、a formal notice（公式通達）、a notice of receipt（受け取り通知）、a reminder notice（督促状）などのように使われる。

■ Oh, my darlin'...Alabamy
『ジャズ・シンガー』で歌われている *My Mammy* の一節。mammy は mother のこと。Alabamy は Alabama のこと。アメリカ南東部の州で州都はモンゴメリー。

SIMPSON	:	It's a sensation. The public is screaming for more.
DON	:	More what?
SIMPSON	:	Talking pictures! Talking pictures!
DON	:	Ah, it's just a freak.
SIMPSON	:	Yeah, what a freak! We should have such a freak at this studio. I told you talking pictures were a menace, but no one would listen to me. Don, we're going to put our best feet forward. We're going to make "The Duelling Cavalier" into a talking picture.
COSMO	:	Talking picture? Well, that means I'm out of a job. At last I can start suffering and write that symphony.
SIMPSON	:	You're not out of a job. We're putting you in as head of the new music department.
COSMO	:	Well, thanks, R.F.! At last I can stop suffering and write that symphony.
ROSCOE	:	Now wait a second, Mister Simpson. Talking pictures? I think you should wait…
SIMPSON	:	Every studio is jumping on the bandwagon, Dexter. All the theaters are putting in sound equipment. We don't want to be left out of it.
DON	:	We don't know anything about this gadget.
SIMPSON	:	What do you have to know? It's a picture. You do what you always did. You just add talking to it.
DON	:	Yeah?
SIMPSON	:	Don, believe me, it will be a sensation. "Lamont And Lockwood: They Talk."
LINA	:	Well, of course we talk. Don't everybody?

a sensation 大評判のもの
scream for... ～を声を張り上げて求める、～を大声で求める

freak 気まぐれ、むら気、一時的な気まぐれ

menace 脅威、危険
put one's best foot forward 全力を尽くす

be out of a job 失業である
I can start suffering

wait a second

jump on the bandwagon 時流に乗る、便乗する
put in （設備などを）備えつける
equipment 設備、装置
be left out of... ～から取り残される

シンプソン	： 大評判になっている。大衆は「もっと」と叫んでいるんだよ。
ドン	： もっとって、何をです？
シンプソン	： トーキー映画だ！　トーキー映画だよ！
ドン	： ああ、あれは単なる気まぐれですよ。
シンプソン	： ああ、だが何たる気まぐれだ！　われわれもあんな妙なものがこのスタジオに必要だったんだ。トーキー映画は脅威になると言っただろう、だが誰もわしの話に耳を貸そうとはしなかった。ドン、われわれは最善の努力をしなきゃならん。『闘う騎士』をトーキー映画に作り替えることにしよう。
コズモ	： トーキー映画ですって？　つまり、ということは僕はお払い箱ってことですね。これでついに苦労して、あの交響曲が書けるってわけだ。
シンプソン	： おまえは失業なんかしないぞ。われわれは君を新しい音楽部の責任者にするつもりだ。
コズモ	： これは、ありがとうございます、R・F！　これでついに苦労しないで、あの交響曲が書けますよ。
ロスコー	： ちょっと待ってください、シンプソンさん。トーキー映画ですって？　私は待つべきだと思いますが…
シンプソン	： どこのスタジオも時流に乗っているんだぞ、デクスター。劇場という劇場は、音響装置を備えつけ始めている。われわれはそれから取り残されるなんてことがあってはならないんだ。
ドン	： 僕たちにはこの装置についてはまったく、何の知識もないんですよ。
シンプソン	： 何を知らなくちゃならないと言うんだ？　映画だぞ。いつもやっていたことをやればいいんだよ。ただ、それにしゃべりを加えさえすればいいんだ。
ドン	： そうなんですか？
シンプソン	： ドン、いいかな、これは大評判になるだろう。「ラモントとロックウッド──2人がしゃべる」だ。
リーナ	： ええ、もちろん私たち、しゃべるわ。誰でもそうじゃなくって？

■ a sensation
an extremely successful film をいったもの。

■ freak
= a peculiar happening

■ menace
= something which suggests a threat or brings danger, peril, trouble

■ put one's best foot forward
forward に代わって formost を使うこともある。ちなみに put one's worst foot forward とした場合は「ぶざまなところを見せる」の意。

■ be out of a job
「失業中である」をおどけて言う場合は I'm between jobs. とする。なお、「定職、常勤の仕事」は a full-time job、「パートの仕事」は a part-time job、「9時から5時までの仕事」は nine-to-five job、「首になる心配のない仕事」は a safe job。

■ I can start suffering
芸術家は真に偉大な作品を世に出すためには苦しまなければならない、といった俗説から出た表現。

■ Wait a second.
「ちょっと待って」
話の途中で、または人の話を遮る際に使われる表現で、second に代わって moment、minute なども用いられる。

■ jump on the bandwagon
do just because a lot of others people are doing の意だが、ここでは hurry to capitalize on the success of the first talking picture ほどの意。jump に代わって climb、get、hop、leap も使われる。

INT. STUDIO - DAY - Various SINGERS put on a colorful performance.

SINGERS : Bo-bi, bo-bi-bo, bo-bi, bo-bi-bo, bo-bo-bi, bo-bo-bi-bo, Boo!
I got a feelin'
You're foolin'
I got a feelin'
You're havin' fun
I'll get the go-by
When you are done
Foolin' with me
It's a holiday
Today's the wedding
Of the painted doll
It's a jolly day
The news is spreading
Should I reveal exactly how I feel?
Should I confess?
Bo-bi, bo-bi-bo, bo-bi, bo-bi-bo
I got a feelin'
You're foolin'
I got a feelin'
You're havin' fun
It's a holiday
Today's the wedding
Should I reveal exactly how I feel?
I got a feelin'
You're foolin'
It's a holiday, today
Should I reveal

SINGER : Beautiful girl
You're a lovely picture
Beautiful girl
You're a gorgeous picture
Of all that lies
Under the big blue skies
My heart cries

put on	上演する, 公演する, 演ずる
Bo-bi, bo-bi-bo...Boo	
I got a feelin' You're foolin'	
get the go-by	無視される
fool with...	～をもてあそぶ, 遊び半分に付き合う
wedding	結婚式
jolly	陽気な, 楽しい
spread	広まる, 伝わる
reveal	明かす, 打ち明ける
confess	白状する, 告白する, 認める
a picture	絵のように美しい人
gorgeous	華美な, 華麗な, 素晴らしい

屋内－スタジオ－昼－さまざまな歌手がカラフルな演技を行っている。

歌手たち ： ボービィ、ボービィーボ、ボービィ、ボービィーボ、ボーボビィ、ボーボビィーボ、ブー！
僕は気がする
君がおどけているような
僕は気がする
君が楽しんでいるような
僕は無視される
君がやめるとき
僕をからかうのを
休みだ
今日は結婚式
色彩鮮やかなお人形さんの
楽しい日
その知らせは知れ渡っている
僕がどんな気持ちか正直に打ち明けようか
告白した方がいいのかな
ボービィ、ボービィーボ、ボービィ、ボービィーボ
僕は気がする
君がおどけているような
僕は気がする
君が楽しんでるような
休みだ
今日は結婚式
僕がどんな気持ちか正直に打ち明けようか
僕は気がする
君がからかっているような
休みだ、今日は
伝えるべきかな

歌手 ： 美しい娘
君は絵のように美しい人
美しい娘
君は絵のように華麗な人
存在するあらゆるものの中で
この青い大空の下に
僕の胸は張り裂けそうだ

■ put on
この表現は音楽会などを「催す」、テレビ局が番組などを「放送する、放映する」などの意でも使われる。
ex. They are going to put on special programs on Sunday.（彼らは日曜日に特別番組を放送する）

■ Bo-bi, bo-bi-bo...Boo
歌や詩に入れて調子をとるためのはやし言葉で、特に意味はない。

■ I got a feelin' You're foolin'
曲名は *I've Got a Feeling You're Fooling*. Arthur Freed 作詞、Nacio Herb Brown 作曲。

■ get the go-by
the go-by は「見て見ぬふりをすること」で、give someone the go-byとすると「知らないふりをして通り過ぎる」の意。

■ wedding
時に wedding ceremony とする。なお、「結婚相手」は marriage partner、「結婚生活」は married life、「結婚披露宴」は wedding reception、「結婚適齢期」は marriageable age、「結婚費用」は wedding expense。

■ jolly
= cheerful; delightful; enjoyable; entertaining; gay; joyous; merry

■ reveal
この語は覆いを取り除くように本当の姿、正体を明らかにすること。
ex. He revealed his secrets to his friends.（彼は自分の秘密を友人に打ち明けた）

■ a picture
a picture として、絵のように美しい人、物、風景、場面などについて使われる。

■ gorgeous
= glorious; beautiful; dazzling; elegant; glittering; magnificent; attractive; handsome; splendid

SINGER : Beautiful girl...

During the filming of the song, Simpson, Cosmo, Zelda and SID watch on.

SIMPSON : Who's that little girl on his right? She looks familiar.
SINGER : You're a dazzling eyeful
Beautiful girl...
SID : I'd like to talk to you about her. I've featured her before in lots of nightclub shows.
SIMPSON : That's probably where I've seen her.
SID : She'd be very good in the part of Zelda's kid sister.
SIMPSON : That's a good idea.
COSMO : Excuse me.

Cosmo gets up to leave. The singer continues his song.

SINGER : There may be blondes and brunettes
That are hard to resist
You surpass them like a queen
You've got those lips
That were meant to be kissed
And you're over sweet sixteen
Oh, beautiful girl
What a gorgeous creature
Beautiful girl
Let me call a preacher
What can I do?
But give my heart to you
A beautiful girl is like a great work of art
She's stylish
She's chic
And she also is smart

Girls in various fashion styles matching the song's lyrics appear in cubicles.

---

watch on　ずっと見つめる、見つめ続ける

familiar　見慣れた

dazzling　まばゆいばかりの
eyeful　人目を引く人、美人

feature　主演させる
lots of...　多くの〜、たくさんの〜

blonde　ブロンドの女性
brunette　ブルネットの女性
resist　抵抗する、我慢する
surpass　より勝る、しのぐ、超える

mean　計画する、意図する、否定する、運命づける
sweet sixteen　娘盛り

creature　人間、人

preacher　説教師、伝道師、牧師

give one's heart to...　〜に恋をする

stylish　粋な、スマートな
chic　シックな、粋な、しゃれた
smart　スマートな、垢抜けした、しゃれた、頭が切れる
lyric　歌詞
cubicle　仕切った狭い場所、小個室

歌手	：美しい娘…

この歌の場面の撮影が行われている間、シンプソン、コズモ、ゼルダ、それにシドは見つめている。

シンプソン	：彼の右側にいるあのかわいらしい娘は誰だ？ 見覚えがあるぞ。
歌手	：君はまばゆいばかりに、人目を引く娘 美しい娘…
シド	：彼女のことあなたに話したいと思ってまして。 あの娘を以前、多くのナイト・クラブのショーで主役にしたことがあるんです。
シンプソン	：おそらくそこであの娘を見かけたんだろう。
シド	：彼女ならゼルダの妹役にぴったりハマるんじゃないかと。
シンプソン	：それはいい考えだ。
コズモ	：失礼。

コズモは立ち上がって去ろうとする。歌手は歌を続ける。

歌手	：ブロンドの娘もいればブルネットの娘もいよう とても抵抗しきれない 君は女王のように彼女たちをはるかにしのぐ 君の持つその唇は キスされるためのもの そんな君は16歳を過ぎた娘盛り ああ、美しい娘 なんとすてきな女性だろう 美しい娘 僕に牧師を呼ばせてほしい 僕に何ができようか 僕のハートを君に捧げる以外に 美しい娘は、1つの偉大な芸術作品のようなもの 彼女は粋だ 彼女はシック そして彼女は賢くもある

歌詞にマッチしたさまざまなファッションの衣装に身を包んだ娘たちがいろいろな小部屋に現われる。

■ watch on
ここでの on は動作について用いられて「続けて、ずっと」を意味する副詞。

■ familiar
基本的意味の「見慣れた」から be familiar with で「～をよく知っている、～に通じている」の意で頻繁に使われる。
ex. That voice sounds familiar.（あの声は聞き覚えがある）
ex. She is familiar with Japanese history.（彼女は日本史に精通している）

■ dazzling
= amazing; astonishing; fascinating; impressive; surprising

■ blonde
名詞の場合、女性には blonde、男性には blond を用いるのが普通。

■ brunette
男性の場合は、通例、brunet。

■ resist
この意味の場合は、通例、否定文。
ex. She can't resist chocolate.（彼女はチョコレートには目がない）

■ mean
この意味の場合は、通例、受身「S + be meant to do」の型で「S は～するよう運命づけられている、予定されている」の意を表す。
ex. He believes he is meant to be a scholar.（彼は学者になるものだと信じている）

■ sweet sixteen
sweet seventeen ともいう。

■ creature
この意味の場合はしばしば愛情、同情あるいは軽蔑などを示す形容詞を伴って使われる。
ex. He is a disgusting creature.（彼は嫌なやつだ）

■ preacher
前の creature と韻を踏む。

■ give one's heart to...
ここでの heart は「愛情、恋心」の意で、a girl of one's heart（意中の人）、win someone's heart（人の愛情を得る）、steal someone's heart（相手が気づかないうちに心をとらえる）などのように使われる。

SINGER : For lounging in her boudoir this simple, plain pajama. Her cloak is trimmed with monkey fur to lend a dash of drama. Anyone for tennis? Well, this will make them cringe. And you'll knock 'em dead at dinner if your gown just drips with fringe. You simply can't be too modest at the beach or by the pool. And in summertime it's organdy that'll keep you fresh and cool. You'd never guess what loud applause this cunning hat receives. And you'd never dream the things that you could hide within these sleeves. A string of pearls with a suit of tweed. It started quite a riot. And if you must wear fox to the opera, Dame Fashion says, "Dye it." Black is best when you're in court.

: (singing) The judge will be impressed
But white is right when you're a bride
And you want to be well-dressed
Beautiful girl
For you I've got a passion
Beautiful girl
You're my queen of fashion
I'm in a whirl
Over my beautiful girl!

SIMPSON : Well, that's stupendous!

SID : Thanks. (to Kathy) Kathy, come here a minute, will you, please.

SIMPSON : This'll start a new trend in musical pictures.

SID : Kathy, this is Mr. Simpson. He's thinking about casting you as Zelda's kid sister.

KATHY : Oh, that's wonderful, Mr. Simpson.

Cosmo returns with Don who recognizes Kathy.

DON : Hey, Kathy!

歌手　　　： 自室でくつろぐためには、このシンプルで飾り気のないパジャマ。彼女のケープはサルの毛皮で飾られていて、ちょっとした劇的な効果がある。誰かテニスをしたい人は？　だったら、これが人を圧倒するでしょう。そしてもしあなたのガウンをフリンジで飾り立てたら、食事の客は悩殺されます。海辺やプールサイドでは、あまり地味過ぎてはいけません。それから夏になったらオーガンジー、涼しく快適でいられます。このしゃれた帽子を被れば、どれほどの拍手喝采を受けるか思いもつかないでしょう。また、この袖の中に、どんなものが隠せるか決して想像もつかないはず。ツイードの上着に真珠のネックレス。それはまさに大騒ぎのもと。そしてもしオペラにキツネの毛皮を着ていく羽目になったら、女性ファッション誌は「染めなさい」と言うでしょう。法廷にいるときは、黒が一番。

　　　　　　（歌う）判事は好印象を持つことでしょう
　　　　　　しかし、花嫁ならば白が正解
　　　　　　いずれにしても、あなたは美しく装いたいもの
　　　　　　美しい娘
　　　　　　君に、僕は首ったけ
　　　　　　美しい娘
　　　　　　君は僕のファッションの女王
　　　　　　僕はクラクラさ
　　　　　　僕の美しい娘に！

シンプソン ： いやはや、すごいじゃないか！

シド　　　： どうも。（キャシーに）キャシー、ちょっとこっちへ来てくれないかな。

シンプソン ： こいつはミュージカル映画に新しい流れを起こすぞ。

シド　　　： キャシー、こちらはシンプソンさんだ。君をゼルダの妹役に使おうと考えておられる。

キャシー　： まあ、光栄ですわ、シンプソンさん。

コズモはドンと一緒に戻ってくる。ドンはキャシーに気が付く。

ドン　　　： ちょっと、キャシーじゃないか！

■ a dash of...
= a small amount of...
ex. Put a dash of salt in the soup.（スープに少量の塩を入れなさい）

■ gown
婦人用の長いゆったりした外衣。室内着。

■ can't be too modest
ここでの can't be too... は「いくら～してもし過ぎることはない」との意を表すイディオムではなく、「～過ぎてはいけない」との意。
cf. You can't be too careful.（いくら注意してもし過ぎることはない）

■ organdy
平織の薄地織物で手触りが堅くて、目が細かい。

■ dream
この意味の場合は、通例、否定文。
ex. I never dreamed it might rain.（雨が降るなんて夢にも思わなかった）

■ tweed
スコットランドの手紡ぎ、手織りの粗剛な感じの紡毛織物、またはスコットランド以外の類似の織物。もともとツイード川流域で作られたことからこの名がある。なお、現在では紡毛糸を用い、機械によって製造されている。

■ Dame Fashion
dame は「婦人、女」の意。

■ court
「出廷する」は appear in court, appear before the court, attend court。

■ For you I've got a passion
= I've got a passion for you; I have a passion for you
なお、have a passion for... は「～が好きでたまらない」の意。
cf. I have a passion for music.（私は音楽が大好きである）

■ stupendous
= amazing; astonishing; awesome; breathtaking; fantastic; terrific; stunning; wonderous

■ kid sister
kid が「年下の」という意味から。「弟」は kid/younger/little brother、「兄」は older/elder/big brother、「姉」は older/elder/big sister。ただし、英米では特に必要があるとき以外は兄、弟、姉、妹の区別はせず、sister や brother のみで言い表す。

83

DON	: That's Kathy Selden!	
KATHY	: Well, thanks anyway. It was nice of you.	It was nice of you ↩
SIMPSON	: Now, wait a minute. What about...	
KATHY	: Oh, that's all right, Mr. Simpson. And before Mr. Lockwood refreshes your memory, you might as well know. I'm the girl who hit Miss Lamont with a cake. Believe me, it was meant for Mr. Lockwood! (to Sid) Good-bye, Sid. I'm sorry, I should have told you.	refresh （記憶を）蘇らせる、新たにする、回復させる ↩ you might as well know ↩ I should have told you ↩
DON	: Wait a minute, Miss Selden. (to Simpson) What's this all about, R.F.?	
SIMPSON	: Well, we were gonna use Miss Selden in Zelda's picture, but if it would make you and Lina unhappy...	
DON	: Unhappy? I think it's wonderful.	
COSMO	: Sure. He's been looking for her for weeks.	
DON	: Yeah!	
SIMPSON	: Are you speaking for Lina also?	speak for... ～の代弁をする、～に代わって見解を述べる ↩
DON	: Now, look, R.F., the owner of the Coconut Grove may do what Lina tells him to, but you're the head of this studio.	head 長、トップ、頭、社長 ↩
SIMPSON	: Yes, I'm the head of this studio. She's hired. (to Sid) But don't let Lina know she's on the lot. That's settled. Take care of that, Phillips.	lot （映画の）撮影所 settle 決める、解決する
KATHY	: Thank you, Mr. Simpson!	
COSMO	: Gee, I'm glad you turned up. We've been looking in every cake in town.	turn up 現れる、出てくる ↩ We've been looking...in town ↩

EXT. STUDIO - DAY - Don walks with Kathy outside.

KATHY	: Is it all right for you to be seen publicly with me?	publicly 人前で、公然と、おおっぴらに ↩
DON	: You mean, lofty star with humble player?	
KATHY	: Not exactly.	not exactly そうでもない、必ずしもそうではない、ちょっと違う ↩

Singin' in the Rain

ドン	:	あれはキャシー・セルデンだ！
キャシー	:	まあ、とにかくありがとうございます。ご親切には感謝いたします。
シンプソン	:	おい、ちょっと待ちなさい。配役については…
キャシー	:	いえ、いいんです、シンプソンさん。ロックウッドさんがあなたの記憶を呼び覚ます前に、知っておいた方がいいと思います。私がラモントさんにケーキを投げつけた張本人ですわ。本当のところ、あれはロックウッドさんを狙ったものだったんです！（シドに）さようなら、シド。ごめんあさい、あなたに話しておくべきだったわ。
ドン	:	ちょっと待って、ミス・セルデン。(シンプソンに) これは一体、どういうことですか、R・F？
シンプソン	:	実はミス・セルデンをゼルダの映画で使おうと思っていたんだが、しかしそのことで君とリーナが不快な思いをするなら…
ドン	:	不快な？　僕は素晴らしいことだと思いますよ。
コズモ	:	そうですよ。彼は何週間もずっと彼女のことを探していたんですから。
ドン	:	ええ！
シンプソン	:	リーナの代弁もしてるのかね？
ドン	:	いいですか、R・F。ココナツ・グローブのオーナーはリーナに言われた通りのことをするかもしれませんが、あなたはこの映画会社の社長ですから。
シンプソン	:	そうだ、わしはここの映画会社の社長だ。彼女を雇おう。(シドに) だが、リーナには彼女がこの撮影所にいることを知られるなよ。これで決まりだ。その件は頼んだぞ、フィリップス。
キャシー	:	ありがとうございます、シンプソンさん！
コズモ	:	ほんと、君が現れてくれてうれしいよ。僕たちは町中のケーキの中をのぞいてまわったんだぜ。

屋外－スタジオ－昼－ドンはキャシーと外を歩いている。

キャシー	:	私と一緒にいるところを公然と見られても大丈夫なの？
ドン	:	一流のスターが三流役者と一緒にいる、っていうことかな？
キャシー	:	必ずしもそうじゃないけど。

■ It was nice of you
文字通りの訳「あなたは親切でした」から「ご親切には感謝します、本当にありがとうございました」ほどの意を表す。

■ refresh
ex. I read the end of the book again to refresh my memory about the story.（私は物語についての記憶を蘇らせるために再び本の終わりの部分を読んだ）

■ you might as well know
I will tell you myself ほどの意。

■ I should have told you
「あなたに話しておくべきだった」の意。「should have ＋過去分詞」の型で過去の行為、状態に対する後悔、非難を表す。

■ speak for
「代弁者」は spokesperson、「男性の代弁者」は spokesman、「女性の代弁者」は spokeswoman。
ex. I'll speak for her.（私が彼女の代弁をしよう）

■ head
トップの座にいる者をいう。

■ lot
film lot のこと。

■ turn up
= appear
ex. She turned up at the last moment.（彼女はやっと現れた）

■ We've been looking...in town
シンプソンのパーティーで彼女が特大のケーキから飛び出してきたことから使われたジョーク。

■ publicly
= in public; openly; overtly; plainly

■ not exactly
= not really; that is not altogether true

KATHY	: But for lunch, don't you usually tear a pheasant with Miss Lamont?	tear a pheasant ↻
DON	: Oh, now. Look, Kathy, all that stuff about Lina and me is sheer publicity.	sheer まったくの, 完全な
KATHY	: Oh? It certainly seems more than that. From what I've read in the columns and all those articles in the fan magazines...	
DON	: Oh, you read the fan magazines.	
KATHY	: Well, I...I pick them up in the beauty parlor or the dentist's office...just like anybody.	beauty parlor 美容室 ↻
DON	: Honest?	
KATHY	: Well, I buy four or five a month.	
DON	: You buy four or five?	
KATHY	: Well, anyway, to get back to the main point...	the main point 要点, 核心, 肝心な点, 論点 ↻
DON	: Yes?	
KATHY	: ... you and Miss Lamont do achieve a kind of intimacy in all your pictures that would...	a kind of... 一種の〜 ↻ intimacy 親密, 親しさ ↻ in all your pictures that would... ↻
DON	: Did you say all my pictures?	
KATHY	: I guess now that I think of it, I've seen eight or nine of them.	
DON	: Eight or nine. You know, it seems to me I remember someone saying "If you've seen one, you've seen 'em all."	
KATHY	: I did say some awful things that night, didn't I?	
DON	: No. I deserved them. Of course, I must admit I was pretty much upset by them. So upset that I haven't been able to think of anything but you ever since.	I deserved them ↻ pretty much かなり, だいぶ ↻ upset いらいらした, 狼狽した ever since それ以来ずっと ↻
KATHY	: Honest?	
DON	: Honest.	
KATHY	: Well, I've been pretty upset, too.	
DON	: Kathy, Kathy, look. Kathy, seeing you again, now that I... Kathy, I'm trying to say something to you, but I...I'm such a ham.	now that I ↻ ham (俗)大根役者, 田舎役者, 演技過剰の役者 ↻

Singin' in the Rain

キャシー	：	でも昼食には、いつもあなたはミス・ラモントと一緒にキジ料理を食べているのでは？
ドン	：	おいおい。いいかい、キャシー、リーナと僕とのことはすべてまったくの宣伝だよ。
キャシー	：	そうかしら？　それ以上にお見受けしますけど。ファン雑誌に載っているコラムや記事で読んだことから判断すると…
ドン	：	へー、君、ファン雑誌を読むんだ。
キャシー	：	まあ、私…美容院とか歯科医院で手に取ったりするけど…誰もがするみたいに。
ドン	：	本当？
キャシー	：	実は月に4、5冊は買うわ。
ドン	：	4、5冊買うねえ？
キャシー	：	まあ、とにかく本題に戻ると…
ドン	：	それで？
キャシー	：	…あなたの映画では皆、あなたとラモントにはある種の親密さがあると…
ドン	：	僕の映画全部って言ったかい？
キャシー	：	今思うと、私、8本か9本の映画を観てるわ。
ドン	：	8本か9本ね。いいかい、確か誰かが「1本観れば、すべて観たのと同じ」とか言ったのを覚えている気がするんだが。
キャシー	：	私あの晩、確かにひどいことを言ったわね？
ドン	：	いいや。僕はああ言われて当然なんだよ。もちろん、あんなことを言われて、かなりムカッときたことは認めなきゃならないけど。あまりにもコタえたもんだから、あれ以来君のこと以外は考えられなくてさ。
キャシー	：	本当に？
ドン	：	本当だとも。
キャシー	：	実は、私もかなり動揺していたの。
ドン	：	キャシー、キャシー、いいかい。キャシー、君に再び会えて、僕は今…キャシー、君にちょっと話しておこうと思うんだけど、でも僕は…僕はどうしようもないヘボ役者でさ。

■ tear a pheasant
devour a pheasant (キジをむさぼり食う) をこっけいに表現したもので、チキンのように簡単に手に入る食材ではないことから、高価な食事、とのニュアンスが込められている。

■ sheer
= absolute; complete; perfect; quite; total

■ beauty parlor
beauty shopとかbeauty salonともいう。ちなみに「理髪店」はアメリカ英語でbarbershopまたはbarber shop、イギリス英語でbarber'sまたはbarber's shop。

■ the main point
ここでのpointは通例、the pointとして「核心、主眼点」の意。そこからkeep to the pointで「要点を外さない」、miss the pointで「要点がわからない」、come to the pointで「核心に触れる」、get the pointで「要点を理解する」。
ex. That's the main point.（それが肝心なところだ）

■ a kind of...
のの後の名詞は普通名詞の場合であっても無冠詞となるのが標準的用法。

■ intimacy
しばしば婉曲的に肉体関係を表す。

■ in all your pictures that would
次にindicate that the rumors have a basis in factが省略されているものと考える。

■ I deserved them
deserveは「受けるに値する」の意。ここでは、I deserved themで「言われて当然だった」ほどの意。

■ pretty much
ここでのprettyはveryとかratherを意味する副詞。

■ ever since
ここでのeverは肯定で「絶えず、いつも」を意味する副詞で、sinceを強調したもの。

■ now that I
次にknow that I love youがくるものと考える。

■ ham
= inveterate actor; bad actor

DON	: I guess I'm not able to without the proper setting.	proper 適切な, 格好の setting セット, 舞台装置, 舞台背景, 大道具
KATHY	: What do you mean?	
DON	: Well…come here.	

INT. STUDIO BUILDING - DAY - *Don leads Kathy into a huge, empty studio building.*

huge 巨大な, 大きな
empty 空っぽの, 空いている

DON	: This is the proper setting.	
KATHY	: Why, it's just an empty stage.	
DON	: At first glance, yes. But wait a second.	at first glance 一見したところでは

Don uses some equipment to show a sky scene on the wall, create mist and change the lighting.

DON	: A beautiful sunset. Mist from the distant mountains. Colored lights in a garden.	

Don leads Kathy to a ladder, which she climbs up. Don continues to switch on stage props, colored back lighting and a giant fan.

ladder はしご
prop （演劇, 映画の）小道具, 持ち道具

DON	: Milady is standing on her balcony in a rose-trellised bower flooded with moonlight. We add five hundred thousands kilowatts of stardust…a soft summer breeze…and…you sure look lovely in the moonlight, Kathy.	milady 貴婦人, 淑女, 奥様 rose-trellised バラの格子造りのある bower あずま屋 flooded with… ～で溢れた, ～でいっぱいの, 照らされた stardust 星くず breeze そよ風, 微風
KATHY	: Now that you have the proper setting, can you say it?	
DON	: I'll try.	
	: (singing) **Life was a song**	
	You came along	
	I've laid awake the whole night through	laid
	If I but dared to think you care	
	This is what I'd say to you	
	You were meant for me	You were meant for me
	And I was meant for you	
	Nature patterned you	Nature 自然の女神 pattern 作る, 創り出す
	And when she was done	

Singin' in the Rain

ドン	：	ちゃんとしたセットがないと、言えそうにない。
キャシー	：	どういうこと？
ドン	：	つまり…こっちへ来てくれ。

屋内－スタジオがある建物－昼－ドンはキャシーをだだっ広いガランとしたスタジオがある建物へ連れていく。

ドン	：	これこそが、ふさわしいセッティングだ。
キャシー	：	でも、ただの何もないステージだけど。
ドン	：	一見したところ、そうだ。でもちょっと待って。

ドンは装置を使って壁に空のシーンを映し出すと、霧を作り、照明を変える。

ドン	：	美しい夕焼け。遠くの山々からは霧。庭には色の付いた照明が。

ドンはキャシーをはしごの方へ誘う。そのはしごを彼女は登る。ドンは舞台の小道具、色の付いた背景の照明、そして大きな扇風機のスイッチを入れ続ける。

ドン	：	月光が降り注ぐバラの格子造りのあずまやのバルコニーに貴婦人が佇んでいる。ここに 50 万キロワットの星くずと…心地よい夏のそよ風を加える…すると…君は月光の中でとても美しく見える、キャシー。
キャシー	：	ふさわしいセッティングができたんだから、言えるでしょ？
ドン	：	やってみるよ。 （歌う）人生は歌 君がふと現れた 僕は一晩中眠れない夜を過ごした 君が想ってくれているとあえて考えるなら これこそ僕が君に言いたいことだ 君は僕のために生まれてきた そして僕は君のために生まれてきた 自然の女神が君を創り出した そしてその仕事を成し遂げると

■ proper
= appropriate; right; suitable
■ setting
= stage setting
■ huge
= extraordinarily large in size; large; big; wide
■ empty
この語は中身がない空っぽの状態を示す。類似した語の vacant は本来占有されているべきものが一時的に空いている状態をいう。また、blank は本来書き込まれるべき箇所が余白になっている状態のこと。
■ at first glance
glance が「一見、ちらっと見ること」の意であることから、「一目で」は in one glance。「～をちらっと見る」は steal/catch a glance at、「互いに目配せをする」は exchange glances。
■ prop
property のことで、衣裳や背景とは違う移動できる道具。
■ flooded with...
ex. The street was flooded with cars.（その通りは車でいっぱいだった）
■ stardust
小さなチリの粒の集まりのように見える遠くの星の集団をいう。
■ breeze
「軽風」is light breeze、「軟風」is gentle breeze、「和風」is moderate breeze、「疾風」is fresh breeze、「雄風」is strong breeze。
■ laid
lay の過去分詞。
■ You were meant for me
曲名は *You Were Meant for Me*。Arthur Freed 作詞、Nacio Herb Brown 作曲。なお、be meant for... は「～になるように運命づけられている」の意。また、be meant to... とすると「～になるよう計画されている、意図されている」を意味する。
cf. She was meant for a singer.（彼女は歌手に生まれついた）
cf. She was meant to be a singer.（彼女は歌手になるように育てられた）
■ Nature
この意味の場合、無冠詞で通例、N は大文字、そして女性扱い。

DON : You were all the sweet things
　　　　 Rolled up in one
　　　　 You're like a plaintive melody
　　　　 That never lets me free
　　　　 But I'm content
　　　　 The angels must have sent you
　　　　 And they meant you just for me

in one　一体になって
plaintive　物悲しい, 哀れを誘う, 憂いを帯びた ⇨
let someone free　〜を自由の身にする, 〜を解き放つ
content　満足している ⇨

Don and Kathy dance together on the empty stage.

DON : But I'm content
　　　　 The angels must have sent you
　　　　 And they meant you just for me

『ジャズ・シンガー』以後のミュージカル（2）

　MGMはアメリカ俳優組合創始者の1人でもあるコンラッド・ネイジェル（Conrad Nagel, 1896-1970)、ジャック・ベニー（Jack Benny, 1894-1974)、ジョーン・クロフォード（Joan Crawford, 1904-77)、ノーマン・シアラー（Norman Shearer, 1900-83)、スクリーンのアイドルとして多くのファンから愛されていたジョン・ギルバート（John Gilbert, 1895-1936)といった俳優たちを総動員して『ハリウッド・レビュー』(*The Hollywood Revue of 1929*, 1929)を製作する。豪華絢爛たるセットで歌や踊りが披露されるこのレビューで、今日まで歌い継がれている有名な歌であり、本作のタイトルにもなっている *Singin' in the Rain* が誕生したのである。

　ワーナーも負けじとお抱えのスターたちを注ぎ込んで *The Show of Shows* (1929)の製作に着手した。この中には英米と両大陸を股にかけて大活躍したビアトリス・リリー（Beatrice Lillie, 1894-1989)、サイレント時代の大スター、ダグラス・フェアーバンクス（Douglas Fairbanks, 1883-1939)の息子、ダグラス・フェアーバンクス・ジュニア（Douglas Fairbanks, Jr., 1909-2000)などが含まれている。パラ

ドン	：	君はこのうえなく甘美な
		1つの完成されたものになった
		君は悲しげなメロディーのよう
		僕を虜にして離さない
		でも僕は満ち足りている
		天使が君を遣わしたに違いない
		そして君は僕だけへの贈り物だった

■ plaintive
= doleful; lamenting; melancholy; mournful; rueful; sad; sorrowful; woeful
■ content
= contented; complacent; fulfilled; satisfied; smug

ドンとキャシーは何もないステージで一緒に踊る。

ドン	：	でも僕は満ち足りている
		天使が君を遣わしたに違いない
		そして君は僕だけへの贈り物だった

　マウント社はモーリス・シバリエー、大衆が抱くアメリカ人のイメージを体現していたゲイリー・クーパー (Gary Cooper, 1901-61)、演技派のフレデリック・マーチ (Frederic March, 1897-1975)、ジーン・アーサー (Jean Arthur, 1905-91) など、豪華メンバー総出演による『パラマウント・オン・パレード』(*Paramount on Parade*, 1930) で対抗した。またサイレントに対する大衆の需要が激減したことから、急遽サイレントから一部トーキーへと変更して撮影された *Show Boat* (1929) といったコメディタッチのオペレッタが生まれたのもこの時期である。

　1930年代に突入する頃には、幼児期にあったミュージカル映画は巷に氾濫するようになっていた。大衆はロマンチックな音楽が響き渡る美しい舞台を背景に、華麗な衣装に身を包んだ若き男女が繰り広げる歌と踊りを見るために映画館へと足しげく通ったのである。

　　　　　　　　　　　曽根田　憲三（相模女子大学名誉教授）

Diction Training

⑥ INT. OFFICES OF DICTION COACHES - DAY - Lina is taking diction training from PHOEBE DINSMORE.

PHOEBE	:	Now, ta, te, ti, to, tu.
LINA	:	Ta, tay, tee, toe, too.
PHOEBE	:	No, no, Miss Lamont. Round tones, round tones. Now let me hear you read your line.
LINA	:	And I can't stand 'im.
PHOEBE	:	And I can't stand him.
LINA	:	And I can't stand 'im.
PHOEBE	:	Can't.
LINA	:	Can't.
PHOEBE	:	Cahn't.
LINA	:	Can-t.

Don is also taking diction lessons, but from a different diction COACH.

DON	:	Can't. Can't.
COACH	:	Very good.

The coach gets Don to repeat tongue twisters.

COACH	:	Now. Around the rocks the rugged rascal ran.
DON	:	Around the rocks the rugged…
COACH	:	No, rocks, rocks.
DON	:	Around the rocks the rugged rascal ran.

Cosmo enters the room.

DON	:	Hiya, Cos.
COSMO	:	Oh, hi, Don.
COACH	:	Shall I continue?

---

diction 言葉遣い，話し方
Phoebe ⇨

round 丸い，まろやかな，よく響き渡る，声量豊かな ⇨

stand 'im ⇨

The coach gets Don to repeat ⇨
Around the... rascal ran ⇨

話し方の訓練

TIME 00:46:04

屋内－話し方教室－昼－リーナがフィービー・ディンスモアから話し方の訓練を受けている。

フィービー	：さあ、タ、テ、ティ、ト、トゥ。
リーナ	：タ、テイ、ティー、トウ、トゥー。
フィービー	：ダメ、違うわよ、ミス・ラモント。まろやかなトーン、まろやかなトーンよ。じゃあ、セリフを読むのを聞かせてちょうだい。
リーナ	：そんでもって彼には我慢なりましぇぬ。
フィービー	：それに彼には我慢なりませぬ。
リーナ	：そんでもって彼には我慢なりましぇぬ。
フィービー	：なりませぬ。
リーナ	：なりましぇぬ。
フィービー	：なりませぬ。
リーナ	：なりまちぇぬ。

ドンもまた話し方のレッスンを受けている。しかし教わっているコーチは違う。

ドン	：なりませぬ。なりませぬ。
コーチ	：実に素晴らしい。

そのコーチはドンに早口言葉を繰り返させる。

コーチ	：じゃあ今度は。岩の周りをいかつい悪党が走った。
ドン	：えわの周りをいかつい…
コーチ	：違う。岩、岩だ。
ドン	：岩の周りをいかつい悪党が走った。

コズモが部屋に入ってくる。

ドン	：よお、コズ。
コズモ	：やあ、ドン。
コーチ	：続けますか？

■ Phoebe
ポピュラーな女子の名前の1つで、詩語で「月」を意味する。

■ round
声や音について用いられた場合は「朗々と響き渡る」の意を表す。

■ stand 'im
= stand him
発音された通りにつづられたもので、h 音はしばしば消失する。ここでの stand は bear、endure、tolerate、put up with 等と同義。

■ The coach gets Don to repeat
ここでの get は目的補語に to 不定詞を伴って「説得して人に～させる、～してもらう」の意を表す。
cf. We will get her to clean the room.（彼女に部屋を掃除してもらいましょう）

■ Around the...rascal ran
r + 母音の発音練習に重点が置かれた文で、文自体に理にかなった意味があるわけではない。rugged は「ごつごつした、いかつい、粗野な、無骨な、頑丈な」、rascal は「人でなし、悪党、卑劣漢、ごろつき」の意。

DON	: Yeah, go ahead.	go ahead ↺
COSMO	: Don't mind me.	mind 気にする ↺
COACH	: Now, sinful Caesar sipped his snifter, seized his knees and sneezed.	sinful Caesar...sneezed ↺
DON	: Sinful Caesar snipped his sifter…	
COACH	: No, sipped his snifter.	
COSMO	: Sipped his snifter.	
DON	: Oh, thank you. Sinful Caesar sipped his snifter, seized his knees and sneezed.	
COACH	: Marvelous. Marvelous.	marvelous 素晴らしい, 優れた ↺
COSMO	: Wonderful.	
COACH	: Oh, here, here is a good one. Chester chooses chestnuts, cheddar cheese with chewy chives. He chews them and he chooses them. He chooses them and he chews them, those chestnuts, cheddar cheese and chives in cheery, charming chunks.	Chester chooses...chives ↺ cheery 陽気な, 快活な chunk 大きい塊, ぶった切り, 厚切り
COSMO	: Ah,wonderful! Do another one.	
COACH	: Oh, thank you. Moses supposes his toeses are roses, but Moses supposes erroneously. Moses, he knowses his toeses aren't roses as Moses supposes his toeses to be.	Moses...erroneously ↺ knowses ↺
DON	: Moses supposes his toeses are roses, but Moses supposes erroneously.	
COSMO	: But Moses, he knowses his toeses aren't roses as Moses supposes his toeses to be.	
DON & COSMO	: Moses supposes his toeses are roses, but Moses supposes erroneously.	
COSMO	: A Mose is a Mose.	
DON	: A rose is a rose.	
COSMO	: A toes is a toes.	
DON & COSMO	: Hoop de doodle doodle.	Hoop de doodle doodle ↺
	: (singing) Moses supposes his toeses are roses But Moses supposes erroneously	

ドン	：	ええ、どうぞ。
コズモ	：	僕のことは気にしないで。
コーチ	：	今度は、罪深いシーザーが酒を一口すすり、ひざをかかえて、くしゃみをした。
ドン	：	罪深いシーザーがひとくちゅすすった…
コーチ	：	違う、一口すすった。
コズモ	：	一口すすった。
ドン	：	ああ、ありがとうよ。罪深いシーザーが酒を一口すすり、ひざをかかえて、くしゃみをした。
コーチ	：	お見事。お見事です。
コズモ	：	素晴らしい。
コーチ	：	ああ、あった。いいのがありました。チェスターは栗とうまいチャイブ付きのチェダーチーズを選ぶ。彼はそれらをかむ、そしてそれらを選ぶ。彼はそれらを選び、そしてそれらをかむ。あの栗と陽気で魅力的な厚切りチャイブとチェダーチーズを。
コズモ	：	いや、素晴らしい！　別のもやってみて。
コーチ	：	どうも、ありがとう。モーゼは自分の足の指がバラだと思っている。しかしモーゼは間違って思っている。モーゼは自分の足の指がバラだと思っているが、モーゼ、彼は自分の足の指がバラでないことは知っている。
ドン	：	モーゼは自分の足の指がバラだと思っている。しかしモーゼは間違って思っている。
コズモ	：	しかしモーゼは自分の足の指がバラだと思っているが、モーゼ、彼は自分の足の指がバラでないことは知っている。
ドンとコズモ	：	モーゼは自分の足の指がバラだと思っている。しかしモーゼは間違って思っている。
コズモ	：	モーゼはモーゼ。
ドン	：	バラはバラ。
コズモ	：	足の指は足の指。
ドンとコズモ	：	フップデドゥードルドゥードル （歌う）モーゼは自分の足の指がバラだと思っている しかしモーゼは間違って思っている

■ Go ahead.
「どうぞ」
命令形で相手に許諾を与える表現で、You have my permission to do it. とか Please do it. ほどの意。意味合いを強めて「やれ」とする場合は Go right ahead. とする。

■ mind
= pay attention to; take care of
ex. Never mind the dishes. I'll wash them later.（皿はいいから。私が後で洗うよ）

■ sinful Caesar sipped...and sneezed
早口言葉の一種。ちなみに、Caesar とは Julius Caesar (c100-44B.C.) のこと。古代ローマの将軍、政治家、歴史家で、独裁権力を握った後ブルータスらによって元老院議事堂で暗殺された。クレオパトラ7世と結ばれ、彼女を女王にしたことでも有名。sip は「ちびちび飲む、すする」、snifter は「（酒などを）ほんの一口」、seize は「つかむ、握る」、sneeze は「くしゃみをする」の意。

■ marvelous
= amazing; awesome; astonishing; breathtaking; fabulous; fantastic; incredible; remarkable; surprising; superb; wonderful

■ Chester chooses...chives
早口言葉の一種で ch ＋ 母音の発音練習。chestnut は「栗、栗の実、栗の木」の意。cheddar cheese は、牛の全乳から作る固くてきめの細かいチーズ。イギリスのチェダー地方原産で、温和な酸味と甘い芳香がある。chewy は「よくかめない」で、固かったり粘っこかったりしてよくかめない、あるいはよくかむ必要がある、との意。chive は「チャイブ、エゾネギ」の意。小さなユリ科の球根植物で、細長い葉は調味料に用いる。

■ Moses...erroneously
早口言葉の歌で、作詞作曲は Betty Comden、Adolph Green ならびに Roger Edens。ose 音のアリタレーション（頭韻）にポイントを置いている。ちなみに、erroneously は「誤って、間違って」の意で、falsely, inaccurately, incorrectly, mistakenly, wrongly と同義。

■ knowses
knows とすべきところ、supposes などの -oses 音に合わせて、toeses と同様に -es を付けて knowses としたもの。

■ Hoop de doodle doodle
意味に関係なく歌詞に入れて調子をとるはやし言葉。

DON & COSMO	:	For Moses, he knowses his toeses aren't roses
		As Moses supposes his toeses to be
DON	:	Moses
COSMO	:	He supposes his toeses are roses
DON	:	Moses
COSMO	:	But Moses supposes erroneously
DON	:	Eenie meenie minie Moses
COSMO	:	He knowses his toeses aren't roses
DON & COSMO	:	As Moses supposes his toeses to be
		A rose is a rose is a rose is a rose
		is what Moses supposes his toes is
		Couldn't be a lily or a daffadowndilly
		It's gotta be a rose, 'cause it rhymes with Mose
		Moses!
		Moses!
		Moses!
		A!

Eenie meenie minie Moses どれにしようか神様の言う通り

daffadowndilly ラッパスイセン
rhyme 韻を踏む、同韻である

INT. RECORDING STUDIO - DAY - CREW members repeat Roscoe's orders.

crew クルー、チーム、撮影班、作業班

ROSCOE	:	All right, here we go. Quiet!
CREW 1	:	Quiet!
CREW 2	:	Quiet!
ROSCOE	:	Roll 'em!

here we go

Lina doesn't talk into the microphone.

LINA	:	Oh, Pierre, you shouldn't have come...
ENGINEER	:	She's gotta talk into the mike. I can't pick it up.
ROSCOE	:	Cut!
DON	:	What's the matter, Dexter?
ROSCOE	:	It's Lina. Look, Lina, don't you remember? I told you. There's a microphone right there in the bush.

gotta
pick it up

bush 灌木、低木、低木の茂み

ドンとコズモ	：	というのもモーゼ、彼は自分の足の指がバラでないことは知っている
		モーゼは自分の足の指がバラだと思っているが
ドン	：	モーゼ
コズモ	：	彼は自分の足の指がバラだと思っている
ドン	：	モーゼ
コズモ	：	しかしモーゼは間違って思っている
ドン	：	どれにしようか神様の言う通り
コズモ	：	彼は自分の足の指がバラでないことは知っている
ドンとコズモ	：	モーゼは自分の足の指がバラだと思っているが
		バラはバラ、バラ、バラ、バラはモーゼが自分の足の指と思っているもの
		ユリでもラッパスイセンでもありえない
		どうしてもバラでなくっちゃ、なぜならそれはモーゼと韻を踏んでいるから
		モーゼ！
		モーゼ！
		モーゼ！
		エイ！

屋内－レコーディングスタジオ－昼－クルーたちがロスコーの指図を繰り返す。

ロスコー	：	よーし、いくぞ。静かに！
クルー1	：	静かに！
クルー2	：	静かに！
ロスコー	：	スタート！

リーナがマイクロフォンに向かってしゃべらない。

リーナ	：	ああ、ピエール、あなたは来るべきじゃなかったわ…
エンジニア	：	彼女、マイクに向かってしゃべらなくちゃだめだ。声が拾えないよ。
ロスコー	：	カット！
ドン	：	どうしたんだ、デクスター？
ロスコー	：	リーナだ。いいか、リーナ、覚えてないのかい？ 言っただろう。マイクロフォンはその植え込みの中にあるんだよ。

■ Eenie meenie minie Moses
鬼を決めるときの鬼選びの歌の一節で、Catch a tiger by the toe/If he hollers/Let him go/You are It と続く。なお、Moses の部分は正しくは moe だが、ose 音に合わせているため。

■ daffadowndilly
ヒガンバナ科の球根植物で、春に垂れ下がった黄色い花が咲く。ウェールズの国花、国章でもある。なお、この語は daffodil の英国方言。daffodowndilly ともする。

■ Here we go.
「さあいくぞ、さあ始めよう」
困難なこと、不愉快なこと、大胆なことなどを始めるときのかけ声。1人の場合は Here I go!、Here me go!、Here goes! となる。

■ gotta
= got to

■ pick it up
= record it

■ bush
葉やささの茂った「やぶ」という意味はない。ちなみに「竹やぶ」は bamboo grove、「草むら」は tussock、「低木の茂み、やぶ」は thicket。

LINA	: Yeah.	
ROSCOE	: You have to talk into it.	
LINA	: I was talking, wasn't I, Miss Dinsmore?	
PHOEBE	: Yes, my dear. But please remember, round tones. Pierre, you shouldn't have come.	
LINA	: Pierre, you shouldn't have come.	
PHOEBE	: Yes, yes, my dear, that's much better. Now…	my dear ◊
ROSCOE	: Hold it a second! Now, Lina, look. Here's the mike, right here in the bush.	
LINA	: Yeah.	
ROSCOE	: Now you talk towards it. The sound goes through the cable to the box. A man records it on a big record in wax. But you have to talk into the mike first in the bush! Now try it again.	box ◊ record in wax　音盤, レコード ◊
LINA	: Gee, this is dumb.	
DON	: (to Roscoe) **She'll get it, Dexter.** (to Lina) Look, Lina. Don't worry. We're all a little nervous the first day. Everything's gonna be okay. (to Roscoe) Oh, by the way, Roscoe, you know the scene coming up, where I say "Imperious Princess of the night?," I don't like those lines there. Is it all right if I just say what I always do? "I love you, I love you, I love you."	She'll get it ◊ nervous　心配する, 神経質な, 自信のない ◊ by the way　ところで, それはそうと, ついでながら ◊ Imperious Princess of the night　夜の王女様 ◊
ROSCOE	: Sure. Any way it's comfortable. But into the bush! Okay, again! Quiet!	Any way it's ◊
CREW	: (v.o.) **Quiet!**	
ROSCOE	: Roll 'em!	

Every time Lina turns her head, her voice fades out.

		fade out　(音量が)次第に小さくなる ◊
LINA	: …you shouldn't have…flirting with danger…surely find you out.	flirt with...　〜と戯れる, いちゃつく, ふざけあう, もてあそぶ ◊
ROSCOE	: Cut!	

98

リーナ	: ええ。
ロスコー	: 君はそれに向かって話さなきゃいけないんだ。
リーナ	: 私、話してたわよね、ディンスモアさん？
フィービー	: ええ、そうよ。でも、思い出してくださいね、まろやかなトーンですよ。ピエール、あなたは来るべきじゃなかったわ。
リーナ	: ピエール、あなたは来るべきじゃなかったわ。
フィービー	: ええ、そうです。ずっとよくなったわ。さあ…
ロスコー	: ちょっと待ってくれ！　なあ、リーナ、いいかい。ここにマイクがある、ここ、植え込みの中だ。
リーナ	: ええ。
ロスコー	: そこで君はそれに向かってしゃべる。その音声はこのケーブルを伝ってあの録音室に届く。担当者が1枚の大きなレコードにその声を録音するんだ。だが、まずは植え込みのマイクに向かって話してくれなくっちゃ。さあ、もう一度やってみよう。
リーナ	: まあなんてこと、こんなのバカげてるわ。
ドン	: （ロスコーに）デクスター、彼女ならやれるよ。（リーナに）いいか、リーナ。心配しないで。初日だから僕たちはみんなちょっと緊張しているんだ。すべてうまくいくよ。（ロスコーに）ああ、ところでロスコー、もうすぐ僕の「夜の王女様」っていうシーンがくるだろう？　そこでのあのセリフが気に入らないんだ。僕がいつも言うやつを言っても構わないかな？「愛してる、愛してる、愛してる」って。
ロスコー	: もちろんだ。好きなように言ってくれ。だが、植え込みに向かってだぞ！　よし、もう一度！静かに！
クルー	: （画面外）静かに！
ロスコー	: スタート！

リーナが頭を動かすたびに、彼女の声が小さくなる。

リーナ	: …来るべきじゃなかったのよ…危険と戯れ…きっとあなたは見つかるわ。
ロスコー	: カット！

■ my dear
親しみを込めた呼びかけで、my dearest、あるいは単に dear、dearest ともする。

■ box
= sound box

■ record in wax
= wax; wax disc
アメリカの俗語で蓄音器のレコードのこと。
cf. They are going to put new songs on wax.（彼らは新曲をレコードに入れるつもりです）

■ She'll get it
「彼女は大丈夫さ、ちゃんとやるよ」ほどの意。get に「理解する、わかる、手に入れる」の意があることから。
cf. I just don't get it. It's too difficult.（僕にはわからない。難しすぎるよ）

■ nervous
= anxious; annoyed; apprehensive; bothered; irritable; sensitive; tense; worried
ex. What are you so nervous about?（何をそんなにいらいらしているんだね？）

■ by the way
通例、文頭で用いられる。by the by ともする。

■ Imperious Princess of the night
通例、imperious は「横柄な、尊大な」の意でもあるが、ここでは imperium（絶対的支配権、帝国）に関連した imperial（帝国の）を意味する古語で、「宮廷の」ほどの意。

■ Any way it's
Say whatever is ほどの意。

■ fade out
fade in とすると「（音量が）次第に大きくなる」。

■ flirt with…
ex. He is always flirting with women at parties.（彼はいつもパーティーで女性といちゃついている）

ROSCOE	:	Lina, we're missing every other word. You've got to talk into the mike!
LINA	:	Well, I can't make love to a bush!
ROSCOE	:	All right, all right. We'll have to think of something else.

Later, one of Lina's ATTENDANTS attaches a small microphone to Lina's dress.

LINA	:	What are you doing?
ATTENDANT	:	You're being wired for sound, deary.
LINA	:	What?
PHOEBE	:	Now, Miss Lamont, watch out for those dentalized D's and T's and those flat A's.
LINA	:	Everybody's picking on me!
ROSCOE	:	Okay, Lina, now look at this flower. See? The mike is in there.

Lina takes the microphone out of the front of her dress for confirmation.

ROSCOE	:	That's it. Now the sound will run from it through this wire onto the record. It'll catch whatever you say. Now, let's hear how it sounds, Lina. (to crew) Okay, quiet!
CREW	:	(v.o.) Quiet!
ROSCOE	:	Roll 'em!

Filming starts again, but along with Lina's voice coming through the microphone, so does the beating of her heart.

LINA	:	Oh, Pierre, you shouldn't have come. You're flirting with danger. They will surely…
ROSCOE	:	What's that noise?
ENGINEER	:	The mike's picking up her heartbeat.
ROSCOE	:	Swell. Cut!

Lina's attendant attaches the microphone to the shoulder strap on her dress.

ロスコー	：	リーナ、1語おきに途切れてしまって拾えていないんだ。マイクに向かって話してくれなくちゃ！
リーナ	：	だって、植え込みに向かって愛なんか語れないわよ！
ロスコー	：	わかった、わかった。何か他の方法を考えなくちゃ。

その後、リーナの付き人の1人が小さなマイクロフォンをリーナのドレスに取り付ける。

リーナ	：	何してるの？
付き人	：	音声用のワイヤーを付けているんですよ。
リーナ	：	何ですって？
フィービー	：	さあ、ミス・ラモント。歯音のDとTに気を付けてくださいね。それと平唇音のAもですよ。
リーナ	：	みんなが私をいじめるわ！
ロスコー	：	よし、リーナ。さあ、この花を見て。いいかい？マイクはこの中だぞ。

リーナが確認のためにマイクを自分のドレスの前の部分から取り出す。

ロスコー	：	そう。音がそこから、このワイヤーを通って録音機までいくんだよ。それは君の言うことを何でも拾うんだ。さあ、どんな音になるか聞いてみよう、リーナ。（クルーに）よし、静かに！
クルー	：	（画面外）静かに！
ロスコー	：	スタート！

撮影が再び始まる。しかし、マイクから聞こえるリーナの声とともに彼女の心臓の鼓動も聞こえてくる。

リーナ	：	ああ、ピエール、来るべきじゃなかったわ。危険をもてあそんでらっしゃるのね。あの人たちきっと…
ロスコー	：	なんだ、あの音は？
エンジニア	：	マイクが彼女の鼓動を拾ってるんです。
ロスコー	：	まったく。カット！

リーナの付き人がマイクを彼女のドレスの肩ひもに付ける。

■ every other word
every other は単数名詞を修飾して「1つおきの」を意味する。
cf. We have a meeting every other week.
（われわれは隔週ごとに会議を開きます）

■ make love to...
この意味の場合は古風な言い方。一般的に make love is to have sexual intercourse（セックスする）の意味で使われる。

■ deary
= dearie
年配の婦人が若い人に対してしばしば用いる呼びかけ。

■ watch out
= be careful; be on the alert; be aware of danger; take care
ex. Watch out for drunken drivers.（酔っ払いの運転手には気を付けてくれ）

■ flat
唇を平に開いた発音。

■ pick on someone
= criticize/harass someone
ex. Please stop picking on me.（私をいじめるのはやめてください）

■ See?
= Do you see?
「いいかな？、わかったか？」

■ her heartbeat
数行上のト書きにある the beating of her heart のこと。

■ swell
= excellent; groovy; fine; marvelous; super; terrific; wonderful
ただし、ここでは皮肉で用いられたもの。

101

ROSCOE	: That's right. That should do it. Now don't forget, Lina, the mike is on your shoulder and whatever you say goes through the wire onto the record. Now please, Lina, talk into the mike.	**do** 役に立つ，用が足りる，間に合う ◊
LINA	: Yeah.	
ROSCOE	: Oh, and don't make any quick, jerky movements or you might disconnect it. Okay, let's go. Quiet.	**jerky** ぐいと動く，発作的な，痙攣性の **disconnect** 外す，切る，接続を絶つ，分離する ◊
CREW 1	: (v.o.) **Quiet!**	
CREW 2	: (v.o.) **Quiet!**	
ROSCOE	: Roll 'em!	

Simpson walks into the studio from a side door. His foot gets caught in one of the wires on the floor.

side door 横の出入り口 ◊
get caught からまる，引っ掛かる，もつれる ◊

LINA	: (v.o.) **Oh, Pierre, you shouldn't have come. You're flirting with danger.**	
SIMPSON	: What's this wire doing here?	
CREW	: Shh!	
SIMPSON	: It's dangerous.	

Simpson pulls the wires to get them out of the way. As the wires are attached to Lina, she gets pulled off the bench she is sitting on while filming.

out of the way 邪魔にならないように ◊

LINA	: Argh!	**argh** アーッ，キャー，ヒャー ◊

ロスコー	:	そうだ。それでいいはずだ。さあ、忘れるんじゃないよ、リーナ。マイクは君の肩の上だからね。君が言ったことは何でも、ワイヤーを通って音盤までいくんだ。さあ頼むよ、リーナ。マイクに向かって話してくれ。
リーナ	:	ええ。
ロスコー	:	さあ、急に動いたりするなよ。外してしまうかもしれないからな。オーケー。いくぞ。静かに。
クルー1	:	(画面外)静かに！
クルー2	:	(画面外)静かに！
ロスコー	:	スタート！

シンプソンが横のドアから歩いてスタジオに入ってくる。彼の足が床のワイヤーの1つにとられる。

リーナ	:	(画面外)ああ、ピエール、来るべきじゃなかったわ。危険をもてあそんでらっしゃるのね。
シンプソン	:	何でワイヤーがこんな所にあるんだ？
クルー	:	しーっ！
シンプソン	:	危ないじゃないか。

シンプソンは邪魔にならないようにワイヤーを引っ張る。ワイヤーはリーナにつながっているため、彼女は撮影中に座っているベンチから引き落とされる。

リーナ	:	ああっ！

■ do
本文中の例のように should や will と共に用いて、物や事が「間に合う、役に立つ」の意を表す。
ex. This will do.（これで間に合うだろう）

■ disconnect
ここでの dis- は動詞に付けて欠如、否定、逆の意を表す接頭辞。

■ side door
front door とすると街路に面している家屋や建物の「表出入り口、正面玄関」。また街路に接した戸口は street door という。

■ get caught
cf. His feet caught in the net.（彼の両脚が網に引っ掛かった）

■ out of the way
ex. Get out of the way.（邪魔だ、どけ）

■ argh
驚愕、恐怖、苦痛、怒りなどの発声。aargh、aagh などともする。

Failure

🎬 EXT. THEATER - NIGHT - *Don and Kathy run from the car to Cosmo who is waiting in the theater lobby.*

COSMO : You two had better not go into the theater together.
DON : Yeah, Lina's probably waiting right inside the door. Oh, Kathy. How I wish…
KATHY : Don't worry, Don. I'll be leading the cheering section in the balcony. Good luck.

> leading the cheering section ⇨
> balcony （劇場）階上席
> Good luck ⇨

Don and Cosmo walk into the theater. They pass a DOORMAN.

DOORMAN : Mister Lockwood.

INT. THEATER - NIGHT - Lina acting as YVONNE, and supporting actress THERESA appear on the screen. Lina plays with her necklace.

SIMPSON : What's that, the thunderstorm outside?
ROSCOE : It's those pearls, Mr. Simpson.
LINA : (on screen) I am the noblest lady of the court, second only to the queen, yet I am the saddest of mortals in France.
THERESA : (on screen) Why, what is the matter, my lady?
LINA : (on screen) I'm so downhearted, Theresa. My father has me betrothed to the Baron de Landsfield…and I can't stand 'im.

> thunderstorm 雷雨 ⇨
>
> noblest 最も高貴な、最も気品のある ⇨
> second only to… ～に次ぐのみ、～を除けば一番 ⇨
> mortals （文語）死すべき者、人間
>
> downhearted 意気消沈した、落胆した、気が滅入った ⇨
> betroth to… ～と婚約する ⇨

The audience laughs hysterically at Lina's pronunciation.

THERESA : (on screen) Oh, but he is such a catch. Why, all the ladies of the court wish they were in your pretty shoes.

> hysterically ヒステリックに、激しく ⇨
>
> catch （財産、地位などがある）うまい結婚相手、良い結婚相手
> why もちろん、そりゃあ
> in your pretty shoes ⇨

失敗

TIME 00 : 55 : 04
□ □ □ □ □

屋外－映画館－夜－ドンとキャシーが車から、映画館のロビーで待っているコズモの所へ走っていく。

コズモ ： 君たち２人は、一緒に館内に入らない方がいい。

ドン ： そうだな。リーナはドアのすぐ内側で待ってることだろう。ねえ、キャシー、どれほど僕は…

キャシー ： 心配しないで、ドン。私、２階席で先頭に立って応援してるわ。幸運を祈ってるわね。

ドンとコズモは映画館の中へ入っていく。彼らはドアマンの所を通り過ぎる。

ドアマン ： ロックウッド様。

屋内－映画館－夜－画面にイボンヌを演じているリーナと助演女優のテレサが現れる。リーナがネックレスをいじる。

シンプソン ： 何だあれは、外は嵐か？
ロスコー ： あの真珠です、シンプソンさん。
リーナ ： （画面上）私は宮中で最も高貴なレディー。女王に次いでね。それなのに私はフランスで一番悲しい人間だわ。
テレサ ： （画面上）まあ、どうなさいました、お嬢様。
リーナ ： （画面上）私、すごく気が滅入ってるの、テレサ。父が私とランズフィールド男爵との婚約を決めてしまったの…でも、私、あの人には我慢なりましぇぬ。

観客はリーナの発音に大笑いする。

テレサ ： （画面上）まあ、でも、あの方はとても良い結婚相手ですわ。そうですとも、宮中の女性はみんなお嬢様のすてきな立場にいたいと願ってますよ。

■ leading the cheering section
cheering ほどの意。ちなみに、cheer は「応援する、激励する」の意。
■ Good luck.
= Good luck to you.; I wish you well.; Best of luck to you.; Best of luck.
「幸運を祈っています」
これに対して答えるときは Thank you. とか Thanks. が普通。なお、Bad luck!、Hard luck!、Tough luck! とした場合は、相手の不運に同情して「ついてないね、お気の毒に」の意を表す。
■ thunderstorm
雷鳴と稲妻を伴う一時的な嵐。electrical storm ともいう。
ex. I got caught in a thunderstorm in the morning.（朝、雷雨にあっちゃったよ）
■ noblest
noble の最上級。地位、身分、階級が高いことをいう。
■ second only to...
second to none とした場合は「誰にも劣らない、誰にも負けない」の意。
ex. She is second only to me in tennis.（彼女はテニスにおいては私の次だ）
■ mortals
= a human being
■ downhearted
= feeling sad; depressed; dejected; dismayed; discouraged; low-spirited; unhappy
■ betroth to...
本文中の例のように、通例、受身で用いられる。
■ hysterically
= crazily; fiercely; frantically; furiously; madly; uncontrollably; violently; wildly
■ why
ここでは当然の承認、同意を表す間投詞。
■ in your pretty shoes
= in your place

105

LINA	: (on screen) **My heart belongs to another. Pierre de Battaille. Ever since I met him, I can't get 'im outta my mind.**	belong to... 〜に所属する、〜のものである ◎ outta ◎

At the back of the theater, Lina is pleased with the movie so far.

LINA	: **Sounds good and loud, huh?**	so far 今までのところ、これでは ◎ good and loud ◎

Don acting as PIERRE DE BATTAILLE appears on the screen. Lina's voice fades in and out as she turns her head.

LINA	: (on screen) **Oh, Pierre, you shouldn't have come... You're flirting with danger. They will surely find you out. Your head is much too valuable.**	
ROSCOE	: **She never could remember where the microphone was, boss.**	valuable 価値のある、高価な、貴重な、大事な ◎
DON	: (on screen) **'Tis Cupid himself that called me here, and I...smitten by his arrow, must come charging to your side despite the threats of Madame La Guillotine.**	'Tis Cupid キューピッド ◎ smite 打ち当てる ◎ arrow 矢 come charging 急いでやってくる ◎ despite 〜にもかかわらず ◎ threat 脅し、脅威、恐れ、危険 Madame La Guillotine ギロチン、断頭台
LINA	: (on screen) **The night is full of our enemies.**	

Lina taps Don on the shoulder with a fan, but it sounds like she hits him with something much heavier.

BOY	: **Hey, Lina, whatcha hittin' him with, a blackjack?**	whatcha hittin' ◎ blackjack 黒皮で包んだ短いこん棒
DON	: (on screen) **Imperious princess of the night, I love you.**	
LINA	: (on screen) **Oh, Pierre.**	
DON	: (on screen) **I love you. I love you. I love you. I love you. I love you. I love you. I love you. I love you. I love you. Love you, love you.**	
OLD MAN	: **Did somebody get paid for writing that dialogue?**	get paid for... 〜に対して報酬をもらう、支払いを受ける ◎ dialogue 対話、会話

In the lobby, a PASSERBY comments to the doorman.

passerby 通行人、通りがかりの人 ◎

リーナ	：（画面上）私の心は別の方のものなの。闘うピエール。あの方にお目にかかったときから、ずっとあの方のことが忘れられましぇぬ。

映画館の後ろの方でリーナは今までのところ映画に満足している。

リーナ	：とてもよく聞こえるじゃない、ね？

闘うピエールを演じているドンが画面に現れる。リーナが頭を動かすたびに彼女の声が小さくなったり大きくなったりする。

リーナ	：（画面上）ああ、ピエール、来るべきじゃなかったわ…危険をもてあそんでらっしゃるのね。あの人たちにきっと見つかってしまうわ。あなたの首は計り知れないほどの価値があるんですもの。
ロスコー	：彼女、マイクの位置がまったく覚えられなかったんですよ、社長。
ドン	：（画面上）私をここに呼び寄せたのはキューピッド、だからその矢に射ぬかれた私は…ギロチンの恐怖にもかかわらず、君のそばに飛んでこなければならないんだ。
リーナ	：（画面上）夜は私たちの敵でいっぱいよ。

リーナがドンの肩を扇でたたくが、それよりはるかに重いもので彼をたたくような音がする。

男子	：おーい、リーナ。何でたたいてやがるんだ、こん棒か？
ドン	：（画面上）夜の王女様、愛しています。
リーナ	：（画面上）ああ、ピエール。
ドン	：（画面上）愛してる。愛してる。愛してる。愛してる。愛してる。愛してる。愛してる。愛してる。愛してる。愛してる。愛してる。
年配の男	：あんな対話を書いて誰か金をもらってんのか？

ロビーで、通行人がドアマンに話しかける。

■ belong to...
ここでは This car belongs to me.（この車は私のです）のように所有を表す形式ばった言い方。普通の言い方に直すと This is my car. とか This car is mine. となる。

■ outta
out of を発音通りにつづったもの。

■ so far
= thus far; until this time
ex. This is a lonely place. We have not met another man so far.（ここは寂しい場所だな。今までのところ、誰もほかの人に会っていない）

■ good and loud
My voice is satisfactorily loud ほどの意。good and... は「とても〜、非常に〜」の意を表す。
cf. This tea is good and hot.（このお茶はすごく熱い）

■ valuable
ex. Could you spare your valuable time?（貴重なお時間を割いていただけますか？）

■ 'Tis
It is の縮約形。

■ Cupid
Mars または Mercury と Venus の間にできた子で、通例、手に弓矢を持った、翼のある裸の美少年として描かれる恋の神。彼が気まぐれに放つ矢には不思議な力があり、それに当たると恋に落ちるといわれる。ギリシャのエロスに相当する。

■ smite
動詞の変化は smote, smitten/smit, smitting。

■ come charging
charge は「突撃する、突進する」の意。

■ despite
= in spite of; regardless of; even though; notwithstanding
ex. They went on a picnic despite the rain.（彼らは雨にもかかわらずピクニックに行った）

■ whatcha hittin'
= what are you hitting
発音通りにつづられたもの。

■ blackjack
武器として使われる。

■ get paid for...
cf. He is highly paid.（彼は高給を取っている）

■ passerby
複数形は passersby とする。

PASSERBY : Sounds like a comedy inside.
DOORMAN : It's a Lockwood-Lamont talkie.
PASSERBY : What?

A man and woman walk out of the theater in disgust.

WOMAN : This is terrible.

in disgust	うんざりして

Back in the theater, the film is skipping and is inaudible.

inaudible	聞こえない, 聞き取れない

SIMPSON : What's that?
ROSCOE : The sound. It's out of synchronization!
SIMPSON : Well, tell them to fix it!
ROSCOE : Yes, sir.

out of synchronization 同期していない
fix 直す, 修理する, 回復する, 修繕する

Mouth movement and the sound don't happen at the same time.

DON : (on screen) **What's this? Yvonne, captured by Rouge Noir of the Purple Terror? Oh! Oh, my sword! I must fly to her side. Yvonne, Yvonne, my own!**

capture 捕まえる, とらえる
Rouge Noir of the Purple Terror 紫団のルージュ・ノアール

ROUGE NOIR of the Purple Terror appears on the screen behind Yvonne.

LINA : (on screen) **Pierre will save me! Pierre!**

ROUGE NOIR : (on screen) **Pierre is miles away, you wench!**

wench 娘っ子, 女

Rouge Noir grabs Yvonne and kisses her.

LINA : (on screen) **No, no, no!**
ROUGE NOIR : (on screen) **Yes, yes, yes!**
LINA : (on screen) **No, no, no!**

The speed of the voices slows right down so that even Lina's voice is very deep. The audience continues laughing hysterically.

slow down 遅くなる
right
deep （声が）太い, 低い, 低音の

ROUGE NOIR : (on screen) **Yes, yes, yes!**
LINA : (on screen) **No...no...no!**

At the end of the film, the audience leave the theater hall.

Singin' in the Rain

通行人	：中ではコメディーをやってるようだね。
ドアマン	：ロックウッドとラモントのトーキー映画ですよ。
通行人	：何だって？

男女が1組、うんざりして映画館から出てくる。

女性	：これってひどいわね。

戻って映画館では、フィルムが飛び、音が聞こえなくなっている。

シンプソン	：あれは何だ？
ロスコー	：音声です。同期していません！
シンプソン	：じゃあ、連中に直すように言わないか！
ロスコー	：はい、社長。

口の動きと音が同時に起きない。

ドン	：（画面上）これは何だ？ イヴォンヌが紫団のルージュ・ノアールに捕まったって？ ああ！ ああ、私の剣を！ 彼女のそばに飛んでいかねば。イヴォンヌ、私のイヴォンヌ！

画面でイヴォンヌの後ろに紫団のルージュ・ノアールが現れる。

リーナ	：（画面上）ピエールが私を助けてくれるわ！ ピエール！
ルージュ・ノアール	：（画面上）ピエールはずっと遠くだ、この女め！

ルージュ・ノアールはイヴォンヌをつかみ彼女にキスをする。

リーナ	：（画面上）ノー、ノー、ノー！
ルージュ・ノアール	：（画面上）イエス、イエス、イエス！
リーナ	：（画面上）ノー、ノー、ノー！

声のスピードが遅くなるので、リーナの声さえもとても低くなる。観客は大笑いを続けている。

ルージュ・ノアール	：（画面上）イエス、イエス、イエス！
リーナ	：（画面上）ノー…ノー…ノー！

フィルムが終わり、観客が映画館のホールを去っていく。

■ **in disgust**
disgust= aversion; abhorrence; detestation; loathing; nausea; repugnance; revulsion

■ **inaudible**
ここでのin-はnot、すなわち「無〜、不〜、非〜、欠〜」の意を表し、特に形容詞、形容詞派生語および名詞に付けて用いられる接頭辞。

■ **fix**
この語は「作る、用意する」など多くの意味を持っているが、ここではrepairの意で用いられたもの。
ex. I have to have my camera fixed.（私はカメラを修理してもらわないといけない）

■ **capture**
= to take someone or something by force
ex. The police captured a criminal.（警察は犯罪者を捕まえた）

■ **Rouge Noir of the Purple Terror**
rouge（仏語）は「赤い」、noir（仏語）は「黒い」。フランス革命の時代に革命派のテロをthe Red Terrorと呼び、革命派に対する王党派の報復行為を王権表象の白ユリからthe White Terrorと呼んだことをもじってつけられたこっけいな名称。

■ **wench**
主に古い言い方でa girl in the countryをいうが、ここではおどけて使われたもの。

■ **slow down**
ex. Slow down at the corner.（あの角でスピードを落としてくれ）

■ **right**
ここでのrightは「すっかり、まったく」ほどの意味を表す副詞。
ex. She turned right round.（彼女はくるりと一回転した）

■ **deep**
ex. He has a deep voice.（彼は声が太い）

109

WOMAN 1	: This is a scream.	scream （俗）非常に愉快なもの, 冗談, 笑い草 ⇨
MAN 1	: Give me pictures like "The Jazz Singer."	
BOY	: I love you! I love you! I love you! I love you! I love you! I love you!	

Don, Cosmo, Simpson, Lina and Roscoe stand in front of movie posters.

SIMPSON	: We're ruined. We're all ruined.	ruin 破滅する, 崩壊する ⇨
DON	: You can't release this picture.	release （映画を）公開する ⇨
SIMPSON	: We've got to. We're booked to open in six weeks all over the country. But you, you're such big stars, we might get by.	booked to open get by うまく切り抜ける
WOMAN 2	: I never want to see that Lockwood and Lamont again.	
WOMAN 3	: Wasn't it awful?	awful ひどい, とんでもない ⇨
MAN 2	: This is the worst picture ever made.	
LINA	: I liked it.	

INT. DON'S HOUSE - NIGHT - Don, Cosmo and Kathy sit in the living room.

DON	: Well, take a last look at it. It'll be up for auction in the morning.	up ⇨ auction オークション, 競売
COSMO	: Oh, you're out of your mind. Besides, it's Saturday. No bank's gonna foreclose until Monday.	out of one's mind 気が狂った ⇨ foreclose 担保権を行使する, 抵当流れにする
KATHY	: It wasn't so bad.	
COSMO	: Well, that's what I've been telling him.	
DON	: No, there's no use kidding myself. Once they release "The Duelling Cavalier," Lockwood and Lamont are through. Picture's a museum piece. I'm a museum piece.	there's no use... ～しても仕方ない, ～しても無駄である ⇨ kid からかう, ごまかす ⇨ once ひとたび～すれば through museum piece 博物館行きの代物
KATHY	: Well, things went wrong with the sound. If you just get the technical end straightened out...	things went...sound ⇨ get the technical...out
DON	: No, it wasn't that. Look, this is sweet of both of you, but I...	this is sweet of both of you ⇨

110

Singin' in the Rain

女性1	：お笑い草だわ。
男性1	：『ジャズ・シンガー』のような映画をよこせってんだ。
男子	：愛してる！　愛してる！　愛してる！　愛してる！　愛してる！　愛してる！

ドン、コズモ、シンプソン、リーナ、それにロスコーが映画のポスターの前に立っている。

シンプソン	：われわれは破滅だ。われわれみんな破滅だ。
ドン	：この映画は公開できない。
シンプソン	：そうしなきゃならんのだ。全国で6週間後に公開予定になっている。しかし、君たち、君たちは大スターだ。何とかなるかもしれん。
女性2	：あんなロックウッドとラモントは二度と見たくないわ。
女性3	：ほんとにひどかったんじゃない？
男性2	：史上最悪の映画だね。
リーナ	：私は気に入ったわ。

屋内－ドンの家－夜－ドン、コズモ、それにキャシーが居間で座っている。

ドン	：さて、これで見納めだ。朝には競売にかかるだろう。
コズモ	：おい、気でも狂ったんだな。それに土曜日だぞ。どの銀行も月曜までは差し押さえなんてやらないよ。
キャシー	：それほど悪くはなかったわ。
コズモ	：うん、僕も彼にはずっとそう言ってるんだ。
ドン	：いや。自分をごまかしたって仕方がない。一度あの『闘う騎士』が公開されたら、ロックウッドとラモントはおしまいさ。映画は博物館行きだし、僕も博物館行きさ。
キャシー	：ほら、音声がうまくいかなかったわね。技術的な面を解決すれば…
ドン	：いや、そうじゃないんだ。いいかい、君たち2人とも優しいけど、しかし僕は…

■ scream
= something or someone very funny
ex. The joke he told was really a scream.（彼のジョークは実におかしかった）

■ ruin
この語は地位、財産、希望、健康などについての完全な破滅、喪失をいう。

■ release
ex. The movie was recently released in New York.（その映画は最近ニューヨークで封切られた）

■ booked to open
scheduled to have the picture's premiereほどの意。ここでの be booked to... は「～する予定である、～することになっている」を意味する。

■ awful
= very bad; appalling; disgusting; dreadful; hideous; horrible; repulsive; terrible

■ up
= offered

■ out of one's mind
= acting in a crazy way; wildly crazy; out of one's senses; out of one's head

■ there's no use
ここでの use はしばしば否定文、疑問文で用いられて「役に立つこと、助け」を意味する。
ex. There's no use calling. She's not home.（電話しても無駄だよ。彼女は家にいない）

■ kid
= deceive

■ through
= ruined professionally

■ things went...sound
= the sound went out of synchronization

■ get the technical...out
= get it adjusted
end は「部分、部門、方面」の意。straighten out は、straighten の基本的意味「まっすぐにする」から「正す、直す、解決する」。

■ this is sweet of both of you
ここでの sweet は人や行動などについて用いて「親切な、優しい」を意味する。

111

DON	: Something happened to me tonight. I, I… Everything you ever said about me is true, Kathy. I'm no actor. I never was. Just a lot of dumb show. I know that now.	I'm no actor ⇨
COSMO	: Well, at least you're taking it lying down.	take it lying down 甘んじて侮辱を受ける
DON	: No, no kidding, Cosmo. Did you ever see anything as idiotic as me on that screen tonight?	idiotic ばかげた, 間抜けな ⇨
COSMO	: Yeah. How about Lina?	
DON	: All right. I ran her a close second. Maybe it was a photo finish. Anyway, I'm through, fellas.	photo finish 写真判定, 大接戦 be through 終わった, 済んだ, 用済みになった
KATHY	: Don, you're not through!	
COSMO	: Oh, of course not. Why, with your looks and figure, you could drive an ice wagon or shine shoes.	looks 容貌, 美貌, 顔つき ⇨ figure スタイル, 体つき, 体格, 容姿
KATHY	: Block hats.	block hats 帽子を型取りする
COSMO	: Sell pencils.	
KATHY	: Dig ditches.	dig ditches 溝を掘る, どぶ掃除をする ⇨
COSMO	: Or, worse still, go back into vaudeville. : (singing) **Ra-da, da-da-dum-dum** **Fit as a fiddle and ready for love** **I could jump over the moon up above** **Fit as a fiddle and ready for love**	vaudeville ボードビル, 寄席演芸 ⇨
DON	: Too bad I didn't do that in "Duelling Cavalier." They might have liked it.	Too bad 残念だ ⇨
KATHY	: Why don't you?	Why don't you ⇨
DON	: What?	
KATHY	: Make a musical.	
DON	: Musical?	
COSMO	: Sure. Make a musical. The new Don Lockwood. He yodels. He jumps about to music.	yodel ヨーデルを歌う ⇨ to music 音楽に合わせて ⇨
DON	: Oh.	

ドン	:	何かが今日僕に起こったんだ。僕、僕は…君が僕について言ったことは全部正しいんだよ、キャシー。僕は俳優なんかじゃない。これまでもそうだったんだ。ただのだんまり芝居ばかりだったのさ。今になってみればそのことがよくわかるよ。
コズモ	:	まあ、少なくとも君はそれを甘んじて受け入れてるってわけだ。
ドン	:	いや、冗談抜きで、コズモ。今まで、今夜の映画の中の僕ほどバカげたものを見たことあるか？
コズモ	:	ああ。リーナはどうだ？
ドン	:	そうだな。僕は僅差で彼女の次だ。たぶん写真判定だったね。とにかく、僕は終わったよ、君たち。
キャシー	:	ドン、あなたは終わってなんかいないわ！
コズモ	:	ああ、もちろん違うさ。だって、その容姿とスタイルがあれば、氷売りの車だって運転できるし、靴磨きだってできるさ。
キャシー	:	帽子屋さんもね。
コズモ	:	鉛筆だって売れる。
キャシー	:	溝も掘れるわ。
コズモ	:	さらに悪くても、ボードビルに戻れるさ。 （歌う）ラーダ、ダッ、ダッ、ダン、ダン フィドルみたいに調子は上々、恋の気分さ 空の月でも跳び越えられる フィドルみたいに調子は上々、恋の気分さ
ドン	:	『闘う騎士』でそれをやらなかったのが残念だよ。みんな気に入ってくれたかもしれないのに。
キャシー	:	やればいいじゃない？
ドン	:	何だって？
キャシー	:	ミュージカルを作るのよ
ドン	:	ミュージカル？
コズモ	:	そうさ。ミュージカルを作るんだよ。新しいドン・ロックウッド。彼が歌う。音楽に合わせて飛び跳ねるのさ。
ドン	:	うん。

■ I'm no actor
このような no は be 動詞の補語となる名詞の前に用いて not at all (決して～ではない) を意味する。つまり I'm not an actor より否定の意が強く、否定というよりはむしろ反対の意を表す。

■ idiotic
= very stupid; dumb; foolish; imbecile; lunatic; moronic; silly

■ photo finish
写真判定を要するゴールインのこと。

■ looks
= personal appearance, especially a good one
ex. She is blessed with good looks. (彼女は美貌に恵まれている)

■ figure
ex. She keeps her graceful figure. (彼女は優雅な体型を保っている)

■ dig ditches
ditch とは地面に掘った「排水溝、どぶ」の意。

■ vaudeville
喜劇俳優、歌手、ダンサー、曲芸師、奇術師などによる多くの個性的な演技。起源は 15 世紀フランス、ノルマンディーの Vire (ビール) という谷間 Val-de-Vire 地方で歌われた風刺的流行歌、あるいは「街の歌」の意の voix des villes といわれている。

■ Too bad
文頭に It's もしくは That's を補って考える。

■ Why don't you?
次のキャシーの make a musical を補って考える。

■ yodel
ヨーデルとはスイスやオーストリアのアルプスの山間住民の間で歌われる一種の民謡。ここでは「ヨーデル風に叫ぶ、歌う」の意。

■ to music
ここでの to は適合、伴奏について「～に合わせて」を意味する前置詞。

DON	: The only trouble is that after they release "Duelling Cavalier," nobody would come to see me jump off the Woolworth Building into a damp rag.	the Woolworth Building ウールワースビル ◎ damp rag 湿った布切れ, 安全幕
COSMO	: Why don't you turn "The Duelling Cavalier" into a musical?	
DON	: "Duelling Cavalier?"	
COSMO	: Sure.	

Cosmo takes the calendar off the wall and gives it to Don.

COSMO	: They've got six weeks before it's released.	
KATHY	: Yeah. Add some songs and dances, trim the bad scenes, add a couple of new ones.	trim 整える, 切り取る, 削除する
COSMO	: And you got it.	you got it それで完成だ
DON	: Hey, hey, I think it'll work.	it'll work ◎
KATHY	: Of course!	
COSMO	: It's a cinch.	It's a cinch ◎
DON	: You know, it may be crazy, but we're gonna do it. "The Duelling Cavalier" is now a musical.	
COSMO	: Hot dog!	Hot dog こりゃあいい, いいぞ, 結構結構, やった ◎ Hallelujah ハレルヤ, ばんざい ◎ whoopee ワーイ ◎
KATHY	: Hallelujah!	
DON	: Whoopee! Fellas, I feel this is my lucky day. March twenty-third.	
COSMO	: Ah, no, your lucky day's the twenty-fourth.	
DON	: What do you mean, the twenty-fourth?	

Cosmo rips the page for the twenty-third off the calendar.

COSMO	: It's one thirty already. It's morning.	
KATHY	: Yes, and what a lovely mornin'.	

Kathy begins to sing. Cosmo and Don join in.

KATHY	: Good mornin'	Good mornin' ◎
COSMO	: Good mornin'	
DON	: We've talked the whole night through	the whole night through 一晩中, 夜通し ◎
KATHY	: Good mornin'	
DON & COSMO	: Good mornin' to you	

ドン	:	唯一の問題は『闘う騎士』を公開した後では誰も、僕がウールワースビルから安全幕に飛び降りるのを見にきてくれはしないさ。
コズモ	:	じゃあ『闘う騎士』をミュージカルにすればいいじゃないか？
ドン	:	『闘う騎士』を？
コズモ	:	そうだよ。

コズモが壁からカレンダーを取ってドンに渡す。

コズモ	:	公開まで6週間ある。
キャシー	:	そうよ。歌と踊りを少し足して、良くないシーンを切り取って、新しいシーンを2、3加えるのよ。
コズモ	:	それで完成さ。
ドン	:	おい、おい、そいつはうまくいきそうだな。
キャシー	:	もちろんよ！
コズモ	:	チョロイもんさ。
ドン	:	ほら、奇抜かもしれないが、しかし僕たち、やるぞ。『闘う騎士』は今やミュージカルだ。
コズモ	:	やった！
キャシー	:	ばんざーい！
ドン	:	ワーイ！　みんな。今日は僕のツイてる日みたいだな。3月23日。
コズモ	:	いやいや、君のツイてる日は24日さ。
ドン	:	どういうことだ、24日って？

コズモはカレンダーから23日のページを破る。

コズモ	:	もう1時半。朝だよ。
キャシー	:	そう、それにしても、なんてすてきな朝かしら。

キャシーが歌い始める。コズモとドンが加わる。

キャシー	:	おはよう
コズモ	:	おはよう
ドン	:	僕たちは一晩中話したね
キャシー	:	おはよう
ドンとコズモ	:	あなたに、おはよう

■ the Woolworth Building
Frank Winfield Woolworth (1852-1919) が創立した全国チェーンの均一雑貨店グループのブロードウェイにある建物で、1927年の時点では世界一の高さを誇るビルだった。1910年に建設が開始され、1913年に完成した。

■ trim
ex. I'd like to have my hair trimmed.（毛先をそろえてほしいのですが）

■ it'll work
it will be possible ほどの意。ここでの work は計画などが「うまくいく、進行する、機能する、作用する」の意を表す。
cf. Do you think our plan will work?（われわれの計画はうまくいくと思いますか？）
cf. My brain isn't working well this morning.（今朝は私の頭の調子が良くない）

■ It's a cinch
cinch とは something very easy、すなわち「たやすいこと、確実なこと、朝飯前」の意。

■ Hot dog
喜び、満足、賛意を表す間投詞。

■ Hallelujah
本来は Praise ye the Lord.（主を褒め称えよ）の意だが、喜び、賛美、感謝の叫びとして使われる。

■ whoopee
歓喜の叫び。なお、whoop とは「歓声」、動詞として使われた場合は「歓声を上げる」。
cf. They whooped for joy.（彼らは喜んで歓声を上げた）

■ Good mornin'
曲名は *Good Morning*。Arthur Freed 作詞、Nacio Herb Brown 作曲。

■ the whole night through
= all night

DON & COSMO & KATHY	:	Good mornin', good mornin'
		It's great to stay up late
		Good mornin', good mornin' to you
COSMO	:	When the band began to play
		The stars were shining bright
DON	:	Now the milkman's on his way
		It's too late to say good night
DON & COSMO & KATHY	:	So good mornin', good mornin'
		Sunbeams will soon smile through
		Good mornin', good mornin' to you
KATHY	:	And you and you and you
		Good mornin', good mornin'
		We've gabbed the whole night through
		Good mornin', good mornin' to you
DON & COSMO	:	Nothin' could be grander than to be in Louisiana
DON & COSMO & KATHY	:	In the morning
KATHY	:	In the morning
		It's great to stay up late
		Good mornin', good mornin' to you
DON & COSMO	:	Might be just as zippy, if we was in Mississippi
KATHY	:	When we left the movie show
		The future wasn't bright
		But came the dawn, the show goes on
		And I don't wanna say good night
DON & COSMO	:	So say good mornin'!
KATHY	:	Good mornin'
DON & COSMO & KATHY	:	Rainbows are shining through
KATHY	:	Good mornin'
DON & COSMO	:	Good mornin'
KATHY	:	Bonjour
DON & COSMO	:	Monsieur
KATHY	:	Buenos días
DON & COSMO	:	Muchas frías
KATHY	:	Buon giorno
DON & COSMO	:	A ritorno

stay up late 遅くまで起きている ↵

milkman 牛乳屋
on one's way 途中で, 進行中で, 近づいて, やってきて ↵

sunbeam 太陽光線, 日光

gab おしゃべりをする, 無駄口をきく

grand 素晴らしい, 申し分ない
Louisiana ルイジアナ ↵

zippy 元気な, 活発な
was ↵
Mississippi ミシシッピ ↵

Bonjour (仏) ↵
monsieur (仏) ↵
Buenos días (西) ↵
Muchas frías (西) ↵
Buon giorno (伊) ↵
A ritorno (伊) ↵

Singin' in the Rain

ドンとコズモとキャシー	：	おはよう、おはよう
		夜更かしするのは気分がいいね
		おはよう、あなたに、おはよう
コズモ	：	バンドが演奏を始めたときは
		星が明るく輝いていた
ドン	：	もう牛乳配達がやってくる
		おやすみを言うには遅過ぎる
ドンとコズモとキャシー	：	だから、おはよう、おはよう
		もうすぐ太陽の光が差し込んでくる
		おはよう、あなたに、おはよう
キャシー	：	それに、あなたと、あなたと、あなたにも
		おはよう、おはよう
		私たちは一晩中話したわね
		おはよう、おはよう、おはよう
ドンとコズモ	：	ルイジアナにいるほどすてきなことはない

ドンとコズモとキャシー	：	朝に
キャシー	：	朝に
		夜更かしするのは気分がいいね
		おはよう、おはよう、あなたに
ドンとコズモ	：	同じように元気いっぱい、ミシシッピにいたとしてもさ
キャシー	：	映画館を出たときには
		未来は明るくなかったわ
		でも夜明けがきたら、ショーは続く
		だから、おやすみなんて言いたくないわ
ドンとコズモ	：	じゃあ、おはようって言えばいい！
キャシー	：	おはよう
ドンとコズモとキャシー	：	虹が輝いている
キャシー	：	おはよう
ドンとコズモ	：	おはよう
キャシー	：	おはよう
ドンとコズモ	：	だんな様
キャシー	：	おはよう
ドンとコズモ	：	とっても寒い
キャシー	：	おはよう
ドンとコズモ	：	あなたにも

■ **stay up late**
stay up late at night のこと。なお、「一晩中起きている」は stay up all night、「真夜中まで起きている」は stay up till midnight、「寝ている」は stay in bed、「風邪で寝ている」は stay in bed with a cold。

■ **on one's way**
on the way ともする。
ex. I met her on my way to school.（学校への途中で彼女に会った）

■ **Louisiana**
アメリカ南部の州で、メキシコ湾に臨む。州都はバトンルージュ。1682 年にカナダから移住したフランス人がルイ 14 世にちなんでルイジアナと命名。1803 年にアメリカ合衆国領となり、1812 年に州に昇格。州全域が低平で、最も高い所でも標高 160m にすぎない。

■ **was**
正しくは were。

■ **Mississippi**
アメリカ南部の州。州都はジャクソン。州名の起源は北米インディアン、オジブワ族の great river を意味する語から。標高が 250m 足らずで大部分が平野とゆるい起伏の丘陵が占める。16 世紀後半にスペイン人によって開発が進められ、1798 年に準州、1817 年に 20 番目の州となった。

■ **Bonjour**
= Good morning; Good afternoon; Good day

■ **monsieur**
= Mr.; Sir
男子への敬称、ならびに呼びかけ。

■ **Buenos días**
= Good morning
朝から昼食時までのあいさつ。昼過ぎから夕方までは Buenas tardes。

■ **Muchas frías**
= Very cold
Muchos fríos とすべきところだが、一行前の días と韻を踏ませたため。

■ **Buon giorno**
= Good morning; Good afternoon
朝から午後 3、4 時ころまでのあいさつで、出会いにも別れにも用いられる。

■ **A ritorno**
= A return
Buon giorno に対する返答。

117

KATHY : Guten Morgen
DON & COSMO : Mutes Morgen
DON & COSMO & KATHY : Good mornin' to you

The three tap dance in unison in the rooms. Kathy does a Hawaiian hula as Don and Cosmo pretend to play ukuleles.

COSMO	: Laka, laka, laka, laka, laka, laka lah. Laka, laka, laka, laka, laka, laka lah. Laka, laka, laka, laka.
DON	: Bing, bing, bing, bing.

Don comes to the front as a Spanish bullfighter.

COSMO	: ¡Olé!
KATHY	: ¡Toro!
COSMO	: ¡Toro! Ah-ha! Ah-ha!

Cosmo comes to the front, holding his jacket to look like dancing with a partner.

KATHY : Charleston!

Finally, they flop down into a sofa together laughing. Don suddenly turns serious.

DON : Hey, we can't make this a musical.

COSMO : What do you mean?
DON : Lina.
COSMO & KATHY : Lina.
COSMO : She can't act, she can't sing and she can't dance. A triple threat.
DON : Yeah.

Kathy starts laughing.

COSMO : What's so funny?
KATHY : I'm sorry. I was just thinking. I think I liked her best when the sound went off and she said... "Yes, yes, yes!"

キャシー	: おはよう
ドンとコズモ	: 元気な朝
ドンとコズモとキャシー	: あなたに、おはよう

3人は部屋で調子を合わせてタップダンスをする。キャシーはハワイのフラダンスの動きをし、ドンとコズモはウクレレを弾くまねをする。

コズモ	: ラカ、ラカ、ラカ、ラカ、ラカ、ラカ、ラー。ラカ、ラカ、ラカ、ラカ、ラカ、ラカ、ラー。ラカ、ラカ、ラカ、ラカ。
ドン	: ビン、ビン、ビン、ビン。

ドンはスペインの闘牛士になって前へ出る。

コズモ	: オーレ！
キャシー	: 雄牛よ！
コズモ	: 雄牛よ！　アーハッ！　アーハッ！

コズモが前へ来る。手に自分のジャケットをダンスの相手に見立てて持っている。

キャシー	: チャールストン！

ついに、彼らは笑いながら一緒にソファーにどかっと腰を下ろす。ドンは突然真剣になる。

ドン	: ちょっと、僕たち、これをミュージカルにはできないよ。
コズモ	: どういう意味だ？
ドン	: リーナさ。
コズモとキャシー	: リーナか。
コズモ	: 彼女は、演技もダメ、歌もダメ、ダンスもダメ。3重苦だな。
ドン	: ああ。

キャシーが笑い出す。

コズモ	: 何がそんなにおかしいんだ？
キャシー	: ごめんなさい。ちょっと考えてたの。私、音がずれて、彼女が「イエス、イエス、イエス！」って言ってたときが一番良かったと思うわ。

■ **Guten Morgen**
= Good morning

■ **Mutes Morgen**
= Vigorous morning

■ **Hawaiian hula**
フラダンスはハワイの先住民ポリネシア系カナカ族が宗教的儀式の際に踊ったもの。今日ではモダンフラとして元来の性格を失っている。なお、hula は hula-hula ともする。

■ **ukulele**
主にハワイアンミュージックに用いるギターに似た小さな四弦楽器。独奏よりも伴奏楽器として使用されることが多い。ukelele ともする。

■ **bing**
小さなベルなどの擬音語。

■ **bullfighter**
闘牛はフランス、ポルトガル、中南米などで行われているが、スペインでは国技となっている。特別に訓練された3歳の若牛から闘争心の強いものが選ばれる。オス、メスは問われない。

■ **olé**
闘牛士やフラメンコダンサーなどへの称賛、激励に用いる叫び声。

■ **Charleston**
1920年代に流行した活発で律動的なアメリカ生まれのダンス。セシル・マックとジョニー・ジョンストンが黒人ばかりのレビュー、*Runnin' Wild*（1923）で踊ったのが最初とされる。そのときの曲がジェームズ・ジョンソンの作曲した *Charleston, South Carolina* であったことからこの名があるといわれている。

■ **flop**
この語は突然音を立ててばたりと倒れたり、どすんと座ったりするときに使われる。
ex. He flopped into the chair.（彼はその椅子にどさりと腰を下ろした）

■ **triple threat**
フットボールでキック、パス、ランニングの3拍子そろった選手を指して使われる表現だが、ここでは皮肉。

COSMO	: No, no, no!	
KATHY	: Yes, yes, yes.	
COSMO	: No, no… Wait a minute. Wait a minute. I am just about to be brilliant. Come here, Kathy. Come here.	**brilliant** きらきら輝く、きらめく、素晴らしい、才気縦横の

Cosmo pulls Kathy up from the sofa.

COSMO	: Now sing. I said, sing.	
	: (singing) **Good mornin'**	
COSMO & KATHY	: Good mornin'	

Cosmo gets Kathy to stand behind him as she continues singing.

KATHY	: We talked the whole night through	
COSMO	: Now, Don, keep your eyes **riveted** on my face.	**rivet** しっかり固定する、釘付けにする、集中する

Cosmo gestures and mouths the words to the song Kathy is singing.

KATHY	: Good mornin', good mornin' to you	
COSMO	: (to Don) **Watch my mouth.**	
KATHY	: Good mornin', good mornin' It's great to stay up late Good mornin', good mornin' to you	
COSMO	: Well? **Convincing**?	**convincing** 説得力がある、なるほどと思われる
DON	: **Enchanting.** What?	**enchanting** 魅力的な、うっとりさせる
COSMO	: Don't ya get it? Use Kathy's voice. Lina just moves her mouth, and **Kathy's voice comes** over singing and talking **for her.**	**Kathy's voice comes…for her**
KATHY	: That's wonderful.	
DON	: **Now, now,** I couldn't let you do it, Kathy.	**now, now** さあさあ、まあまあ、おいおい、これこれ
KATHY	: Why not?	**Why not**
DON	: Because you wouldn't be seen. You'd be **throwing away** your own career.	**throw away** 投げ捨てる、無駄にする、ふいにする
KATHY	: It **has nothing to do with** my career. It's only for this one picture.	**have nothing to do with…** 〜と何の関係もない

コズモ	：	ノー、ノー、ノー！
キャシー	：	イエス、イエス、イエス。
コズモ	：	ノー、ノー…ちょっと待てよ。ちょっと待ってくれ。僕って頭がいいかも。ここへ来てごらん、キャシー。こっちに来て。

コズモがキャシーをソファーから引き起こす。

コズモ	：	さあ、歌って。歌ってくれよ。 （歌う）おはよう
コズモとキャシー	：	おはよう

コズモは歌い続けているキャシーを彼の後ろに立たせる。

キャシー	：	私たち一晩中話したわ
コズモ	：	いいか、ドン、僕の顔に注目してくれ。

コズモはジェスチャーをしたり、キャシーが歌う歌に合わせて口パクをする。

キャシー	：	おはよう、あなたに、おはよう
コズモ	：	（ドンに）僕の口を見て。
キャシー	：	おはよう、おはよう 夜更かしするのは気分がいいね おはよう、あなたに、おはよう
コズモ	：	どうだい？　納得した？
ドン	：	すごい。それで？
コズモ	：	わからないのか？　キャシーの声を使うんだよ。リーナはただ口を動かすだけで、彼女に代わってキャシーの声が歌ったり話したりする。
キャシー	：	素晴らしいわ。
ドン	：	いやいや、君にそんなことはやらせられないよ、キャシー。
キャシー	：	どうしてダメなの？
ドン	：	だって、君の姿は見えないんだよ。君は自分のキャリアを投げ出すことになる。
キャシー	：	私のキャリアとは何の関係もないわ。この映画1本のためだけだもの。

■ brilliant
= dazzling; bright; ingenious; intelligent; profound

■ rivet
ex. Everyone's eyes were riveted to the television.（全員の目がテレビにくぎ付けになっていた）

■ convincing
= believable; plausible; persuasive; satisfying; trustworthy

■ enchanting
= appealing; attractive; captivating; charming; delightful; fascinating; pleasing

■ Kathy's voice comes...for her
Kathy will sing and talk for her ほどの意。

■ now, now
人をなだめたり、たしなめたりする際の表現。

■ Why not?
ここでは Please explain your negative answer ほどの意。なお、この表現は I cannot think of a reason not to, so yes の意でも頻繁に使われる。

■ have nothing to do with...
関係の度合いに応じて little, a little, something, a great deal などが使われる。
cf. She has something to do with that case.（彼女は例の件と何らかの関係がある）

KATHY	: The important thing now is to save "The Duelling Cavalier," save Lockwood and Lamont.	
COSMO	: Yeah.	
DON	: Well…well, all right, if it's only for this one picture, but… Do you think it'll get by?	
KATHY	: Of course it will.	
COSMO	: Sure, and it's simple to work the numbers. Why, all ya gotta do is dance around Lina and teach her how to take a bow.	work the numbers 曲の作業をする, 曲をこなす take a bow 会釈をする, お辞儀をする, 進み出る ↻
DON	: All right, we'll go to R.F. and spring it on him in the morning.	spring it ↻
KATHY	: Don, you're a genius.	genius 天才

Kathy gives Don a big kiss.

COSMO	: Hmm, I'm glad you thought of it.	I'm glad you thought of it ↻
KATHY	: Oh, Cosmo.	

Kathy goes to Cosmo and gives him a little peck on the lips. peck 軽いキス, 義理のキス ↻

EXT. KATHY'S HOUSE - NIGHT - Don and Kathy kiss under an umbrella on the porch to Kathy's house.

DON	: Good night, Kathy. See you tomorrow.	
KATHY	: Good night, Don. Take care of that throat. You're a big singing star now, remember? This California dew is just a little heavier than usual tonight.	California dew カリフォルニアの露 ↻
DON	: Really? From where I stand, the sun is shining all over the place.	

Kathy goes inside. Don turns and looks at the rain. He makes his way along the sidewalk as he starts singing. make one's way 進む ↻

DON	: Doo, di-doo, doo, doo-di, doo-di doo doo
	Doo, di-doo, doo, doo-di, doo-di doo doo

Singin' in the Rain

キャシー	：今大事なのは『闘う騎士』を救うこと、ロックウッドとラモントを救うことよ。
コズモ	：そうだよ。
ドン	：うーん…じゃ、いいだろう。この1本だけならね。でも…切り抜けられると思うかい？
キャシー	：もちろんだわよ。
コズモ	：そう、それに曲の作業も簡単だしさ。だって君のやることといえば、リーナの周りで踊り、彼女にお辞儀の仕方を教えるだけだから。
ドン	：よーし、午前中にR・Fの所へ行って、急にこの話を持ち出してみよう。
キャシー	：ドン、あなたって天才ね。

キャシーはドンにしっかりとキスする。

コズモ	：うーん。こいつを君が思いついてくれて僕はうれしいよ。
キャシー	：まあ、コズモ。

キャシーがコズモの所に行き、唇に軽くキスをする。

屋外－キャシーの家－夜－キャシーの家のポーチで傘を差したドンとキャシーがキスをする。

ドン	：おやすみ、キャシー。また明日。
キャシー	：おやすみなさい、ドン。そののどには気を付けてね。あなたはもう大物の歌うスターなんだから、忘れないで？ このカリフォルニアの露は、今夜はいつもより少しだけ強いわね。
ドン	：本当？ 僕の立っている所からは、太陽が辺り一面に輝いているよ。

キャシーは中へ入る。ドンは振り返り雨を見る。彼は歩道を歩きながら歌い始める。

ドン	：ドゥ、ディ、ドゥ、ドゥ、ドゥ、ディ、ドゥ、ディ、ドゥ、ドゥー ドゥ、ディ、ドゥ、ドゥ、ドゥ、ディ、ドゥ、ディ、ドゥ、ドゥー

■ take a bow
拍手、称賛に応えるために立ち上がって会釈をすること。

■ spring it
test it ほどの意。なお、ここでの spring は to surprise someone with something、つまり「出し抜けに言って驚かす」といったところ。
cf. He sprang a joke on us.（彼は突然ジョークを言ってわれわれを驚かせた）

■ I'm glad you thought of it
皮肉で言った表現で、「これを思いついたのは僕だぜ」と言うべきところ。

■ peck
この話は動詞として「軽くキスする」の意でよく使われる。
ex. She pecked him on the cheek.（彼女は彼のほおに軽くキスした）

■ California dew
カリフォルニアは雨がほとんど降らず、降ったとしてもせいぜい夜露のごときお湿り程度であることからこの表現がある。

■ make one's way
この表現は「出世する、成功する」の意も表す。
ex. He made his way through the crowd.（彼は人込みの中を進んでいった）
ex. He made his way in the world.（彼は出世した）

DON : Doo, di-doo, doo, doo-di, doo-di doo doo

Don folds up the umbrella, even though it is raining hard, and walks along the sidewalk. He continues singing.

		fold up 折りたたむ, たたむ
		walk along ～に沿って歩く, ～を歩いていく ↻

DON : I'm singin' in the rain
Just singin' in the rain
What a glorious feelin'
I'm happy again
I'm laughin' at clouds
So dark up above
The sun's in my heart
And I'm ready for love
Let the stormy clouds chase
Everyone from the place
Come on with the rain
I've a smile on my face
I walk down the lane
With a happy refrain
Just singin'
Singin' in the rain
Dancin' in the rain
Yah-di, yah-di-yah
I'm happy again
I'm singin' and dancin' in the rain
I'm dancin' and singin' in the rain

be ready for... ～の用意はできている ↻
chase 追う, 追い払う, 追いかける

lane 小道, 細道 ↻

ドン	:	ドゥ、ディ、ドゥ、ドゥ、ドゥ、ディ、ドゥ、ディ、ドゥ、ドゥー

雨が激しく降っているにもかかわらずドンは傘をたたみ、歩道に沿って歩く。彼は歌い続ける。

ドン	:	雨に唄う
		ただ雨に唄う
		なんて愉快な気持ち
		僕はまた幸せに
		僕は雲に笑いかける
		空はあんなに暗いけど
		僕の心には太陽が
		そして僕は恋する気分
		嵐の雲よ追い立てろ
		誰かれなしにこの場から
		雨よ降れ
		僕は笑顔だ
		小道を歩こう
		楽しいフレーズを繰り返し
		ただ唄う
		雨に唄う
		雨に踊る
		ヤーディ、ヤーディヤー
		僕はまた幸せに
		僕は雨に、唄い、そして踊る
		僕は踊る、そして唄う、雨の中を

■ walk along
ここでの along は運動や方向を示し、道、川、海岸など細長いものに「沿って、〜の縁を」を意味する前置詞。

■ be ready for...
「S + be ready for + O」の型で「SはOの用意ができている」の意を表す。また「S + be ready to do」の場合は「Sは〜する用意ができている」の意。
ex. Are you ready for school?（学校へ行く用意はできていますか？）
cf. Let me know when you are ready to go.（行く用意ができたら私に教えてくれ）

■ lane
垣根、塀、壁、家などの間の細い道とか田舎の曲がりくねった細い道をいう。類似した語に alley があるが、こちらは立ち並ぶ建物の背後、またはその間を抜ける「小路」。road は町と町をつなぐ、通例、車が通れる「道路」、avenue は両側に邸宅や建物が並んでいる、あるいは街路樹のある「大通り」、street は建物が並ぶ町中の、通例、舗装された「街路、通り」。ここでの lane は rain, again, refrain と韻を踏む。

New Idea

⑧ INT. SIMPSON'S OFFICE - DAY - Don, Cosmo and Simpson are discussing making changes to "The Duelling Cavalier."

SIMPSON : Why, that's wonderful! That's wonderful. Now look. We'll keep the whole thing secret until we're ready to release, just in case it doesn't come off. But I'm a little worried about Lina. She doesn't like Miss Selden. There might be fireworks.

DON : I guarantee ya, Lina won't even know she's on the lot.

SIMPSON : Okay. Boys, this is great. "The Duelling Cavalier" can be saved. Now, let's see. "The Duelling Cavalier" with music. The title…the title's not right. We need a musical title. Cosmo?

The three start pacing up and down in the office as they think of ideas.

COSMO : Hey! "The Duelling Mammy." No… I've got it. No… "The Dancing Cavalier."

SIMPSON : That's it, Don! "The Dancing Cavalier." Cosmo, remind me to make you a scriptwriter.

COSMO : Oh, thanks, R.F. Have a cigar.

SIMPSON : Thanks. Now what about the story? We need modern musical numbers.

COSMO : How's this? We throw a modern section into the picture. The hero's a young hoofer in a Broadway show. Right?

SIMPSON : Right.

COSMO : Now he sings and he dances, right?

---

make changes 変更する, 変える

keep…secret ～を秘密にしておく

just in case… ～するといけないから, ～の場合に備えて

come off 成功する

fireworks 怒りの爆発

guarantee 保証する, 請合う, 確約する

let's see えーと, さてと, そうだな, 待てよ

pace up and down 行ったり来たりする

hey ねえ, そうだ
I've got it わかったぞ, これだ

remind 思い起こさせる, 気づかせる
scriptwriter 脚本家

cigar シガー, 葉巻

throw 投げ込む, 投入する
hoofer (俗)ダンサー, タップダンサー

新たなアイデア

TIME　01：11：42
□□□□□

屋内－シンプソンの事務所－昼－ドン、コズモ、それにシンプソンは『闘う騎士』に変更を加えることを話し合っている。

シンプソン	：	やあ、それはいい！　それは素晴らしい。さあ、いいかい。公開の準備が整うまで、すべてのことは秘密にしておこう。万が一成功しなかった場合を考えてね。それにしても、リーナのことが少し心配だな。彼女はミス・セルデンのことが好きでないから、もしかすると激怒するかもしれん。
ドン	：	保証します。リーナはきっと彼女が撮影所にいることさえ気づきませんよ。
シンプソン	：	よし。君たち、これはすごいぞ。『闘う騎士』は救われる。さて、えーと。音楽付きの『闘う騎士』か。タイトル…そのタイトルは良くないな。ミュージカルらしいタイトルが必要だ。コズモ？

3人は考えをめぐらしながら、事務所を行ったり来たりする。

コズモ	：	そうだ！　『闘う母さん』、だめだ…わかったぞ。いや…『踊る騎士』だ。
シンプソン	：	それだ、ドン！　『踊る騎士』だ。コズモ、君を脚本家にするが、忘れたら言ってくれ。
コズモ	：	それは、どうも、R・F。葉巻をどうぞ。
シンプソン	：	ありがとう。それで、話はどうする？　現代的なミュージカルの曲が必要だな。
コズモ	：	これはどうです？　映画に現代の場面を入れるんです。主人公はブロードウェイのショーに出ている若いタップダンサーです。いいですか？
シンプソン	：	よろしい。
コズモ	：	それで、彼は歌ったり、踊ったりします、いいです？

■ keep...secret
「S + keep + O + C」の型で「SはOをCの状態にしておく」の意を表す。ここでのCは名詞、形容詞(句)、分詞など。
cf. Keep your mouth shut.（黙っていろ）

■ come off
= succeed completely; happen as planned
ex. Did the party come off okay?（パーティーはうまくいきましたか？）

■ fireworks
= hysterical outbursts
この語が「花火」の意を表すことから、花火のような「激情の爆発、騒ぎ」などの意味で使われる。

■ guarantee
ex. I guarantee that I'll finish the work in a day or two.（この仕事を一両日中に仕上げることを約束します）

■ let's see
let me see ともする。

■ pace up and down
落ち着かない様子で行きつ戻りつすることをいう。

■ hey
呼びかけ、注意、かけ声、喜び、驚き、当惑などを表す発声。

■ remind
ex. Remind me to take you to the movies.（明日、君を映画に連れていくのを忘れたら言ってくれ）

■ cigar
タバコの葉を刻まずに巻いて作った巻タバコ。なお、タバコはナス科の本来は多年草だが、湿帯で栽培すると一年草になる。葉にニコチンを含む。

127

SIMPSON : Right.
COSMO : But one night backstage, he's reading the "Tale of Two Cities." He's in between numbers, see. And a sandbag falls and hits him on the head and he dreams he's back during the French Revolution. Right?
SIMPSON : Right.
COSMO : Well, this way we get in the modern dancing numbers Charleston, Charleston. But in the dream part, we can still use the costume stuff.
SIMPSON : Sensational! Cosmo, remind me to give you a raise.
COSMO : Oh, R.F.
SIMPSON : Yes?
COSMO : Gimme a raise.

INT. STUDIOS - DAY - Kathy sings a song.

KATHY : He holds her in his arms
Would you, would you
He tells her of her charms
Would you, would you
They met as you and I
And they were only friends
But before…

In a different recording studio, Lina sings the same song at the same time as Kathy. Lina misses some of the words.

LINA & KATHY : The story ends
He'll kiss her with a sigh
…would you
And if the girl were I
Would you

On the set, Don and Lina act out their parts.

KATHY : (v.o.) Would you

128

シンプソン	： いいぞ。
コズモ	： だけど、ある晩、彼は楽屋で『二都物語』を読んでいます。ちょうど曲と曲の間でです、いいですか。すると、砂袋が落ちてきて彼の頭を打つ、それで彼はフランス革命の時代に戻る夢を見るんです。いいですか？
シンプソン	： いいぞ。
コズモ	： つまり、こうして、現代的なダンスの曲、チャールストンを入れます。チャールストンです。でも夢の場面では、今まで通り時代劇ものが使えます。
シンプソン	： 最高に素晴らしいぞ！　コズモ、わしが君への昇給を忘れていたら言ってくれ。
コズモ	： あの、R・F。
シンプソン	： なんだね？
コズモ	： 昇給して。

屋内－スタジオ－昼－キャシーは歌を歌っている。

キャシー	： 彼は彼女を腕に抱く お願い、お願い 彼は彼女の魅力を語る お願い、お願い 私とあなたが出会ったように彼らは出会った 彼らはただの友達だった でも前に…

別のレコーディングスタジオで、リーナはキャシーと同じ歌を同時に歌う。リーナは歌詞をいくつか飛ばしてしまう。

リーナとキャシー	： 物語が終わる 彼は彼女に愛のキスをしよう …お願い もし私が彼女なら お願い

セットで、ドンとリーナはそれぞれの役を身ぶり手ぶりで演じている。

キャシー	： （画面外）お願い

■ Tale of Two Cities
英国の小説家 Charles John Huffam Dickens (1812-70) の小説 A Tale of Two Cities (1859) を言ったもの。

■ see
相手の注意を促す表現。

■ he's back
ここでの back は時間について用いられ、「昔に遡って」を意味する副詞。
cf. It happened back in 1960. (それは去る 1960 年に起こったことだよ)
cf. His family goes back to the 17th century. (彼の家系は 17 世紀に遡る)

■ costume stuff
ここでの costume は「時代劇の、時代劇の衣裳を着けて演じる」を意味する形容詞。そのため a costume film とすると「時代劇映画」となる。

■ a raise
= a raise in salary

■ Gimme
Give me を発音された通りにつづったもの。

■ Would you
曲名は Would You。Arthur Freed 作詞、Nacio Herb Brown 作曲。なお、歌詞中の Would you は Would you hold me in your arms?、Would you tell me of my charms? のこと。

■ But before...
But before the story ends (でも物語が終わる前に) と続く。

■ with a sigh
文字通りには「ため息をついて、ため息まじりに」だが、ここでの sigh は数行前の l に顔を踏ませるために使われたもので、本来なら love とか affection とすべきところ。ちなみに、本文中の sigh は名詞だが、動詞に「慕う、あこがれる」の意がある。

■ would you
次に kiss me with a sigh? が省略されている。

KATHY	: And would you dare to say	dare ～する勇気がある，思い切って～する
	Let's do the same as they	
	I would, would you	
	And would you dare to say	
	Let's do the same as they	
	I would, would you	

The acting scene continues, but switches from the set to black and white footage which Don, Cosmo and Simpson are watching.

black and white footage 白黒の場面

SIMPSON	: Perfect. That Selden girl is great. As soon as the picture is released, I'm going to give her a big buildup.	Selden girl セルデンって娘 buildup 宣伝, 売り込み
COSMO	: Swell!	
SIMPSON	: Don, how much is there left to do?	
DON	: Ah, one scene and a number.	
SIMPSON	: What number?	
DON	: Well, it's a new one. It's for the modern part of the picture. It's called "Broadway Melody." It's the story of a young hoofer who comes to New York. First, we set the stage with a song. It goes like this.	Broadway Melody ブロードウェイメロディー set the stage 舞台装置をする

On the screen appears Don performing "Broadway Melody" in "The Dancing Cavalier."

DON	: Don't bring a frown to Old Broadway	frown しかめっ面, 難しい顔つき, 渋い顔
	Ah, you gotta clown on Broadway	clown おどける, ふざける
	Your troubles there, they're out of style	out of style 流行遅れで
	For Broadway always wears a smile	wear a smile 笑みを浮かべている
	A million lights they flicker there	flicker 揺らめく, 明滅する
	A million hearts beat quicker there	
	No skies of gray on that Great White Way	Great White Way 不夜城, 不夜街
	That's the Broadway Melo-dy	

From a darkened stage, Don is suddenly surrounded by Broadway-style lights and signs.

darken 暗くする
surround 取り囲む, 取り巻く

DON	: Gotta dance

キャシー	:	あなたは言ってくれるかしら
		彼らと同じようにしようと
		私は言うわ、あなたは
		あなたは言ってくれるかしら
		彼らと同じようにしようと
		私は言うわ、あなたは

演技の場面は続くが、セットから白黒の場面へと移る。ドン、コズモ、それにシンプソンがじっと見ている。

シンプソン	:	完璧だ。あのセルデンって娘はすごい。映画が公開されたらすぐ、彼女を大々的に売り込もう。
コズモ	:	いいですね！
シンプソン	:	ドン、撮影はあとどれくらい残っている？
ドン	:	えーと、1シーンと、1曲です。
シンプソン	:	どんな曲かね？
ドン	:	ええ、新曲です。映画の現代シーンのためのものです。「ブロードウェイメロディー」という曲名です。ニューヨークにやってくる若いタップダンサーの話です。最初に歌の舞台を設けます。こんな感じで。

画面上に『踊る騎士』で「ブロードウェイメロディー」を演じているドンが現れる。

ドン	:	しかめっ面をいかしたブロードウェイに持ち込まないで
		そう、ブロードウェイではおどけなきゃ
		君の悩み事なんて、そこではもう古くさい
		だってブロードウェイはいつも笑顔だ
		無数のネオンがそこではまたたいている
		無数の鼓動がそこでは高鳴っている
		不夜城の街には曇り空なんてない
		それがブロードウェイメロディー

暗くなった舞台から、ドンは突然ブロードウェイ調のネオンと看板に囲まれる。

ドン	:	踊らなきゃ

■ dare
この意味の場合は主に疑問文、否定文で用いられる。

■ black and white footage
footage とは映画、テレビの特定場面。
cf. newsreel footage（ニュースの場面）

■ buildup
ex. The company spent ten million yen on her buildup.（会社は彼女の売り込みに1000万円を費やした）

■ Broadway Melody
Arthur Freed 作詞、Nacio Herb Brown 作曲。

■ set the stage
ここでの set は背景、小道具、照明などを整えて場面を設定すること。
cf. The scene is set in New York.（場面はニューヨークに設定されている）

■ out of style
反対に「はやっている」は in style。
ex. That skirt went out of style a couple of years ago.（あのスカートは2、3年前にはやらなくなった）

■ wear a smile
wear は衣服や靴、帽子などはもちろんのこと、wear glasses（メガネを掛けている）、wear a watch（時計をしている）、wear a mustache（口ひげを蓄えている）、wear one's hair long（髪を長く伸ばしている）など、まるで衣服のように身に着けているものについて使われる。笑みも顔の表面に浮かべる表情であることから。
cf. You are too young to wear lipstick.（君は口紅をつけるには若過ぎる）

■ Great White Way
= the Great White Way
ニューヨークのタイムズ・スクエア近くのブロードウェイ劇場地区の俗称。広告のネオンサインが派手に輝くところからこの名がある。1901年に広告業者 O.J.Guide が命名した、もしくは 1902 年の A.B.Paine の劇のタイトルにちなむといわれている。

■ darken
= to make or become dark or darken
ex. Clouds darkened the sky.（雲で空が暗くなった）

■ surround
ex. The singer was surrounded by reporters.（その歌手は記者たちに取り囲まれた）

DON	: Gotta dance	
	Gotta dance	
AGENT	: Shh!	

AGENT knocks the door. When he opens it, there are lots of PERFORMERS.

PERFORMER	: Gotta dance	
PERFORMERS	: Gotta dance	
DON	: Gotta dance	
	Gotta dance	
	Broadway rhythm, it's got me	
	Everybody dance	
	Broadway rhythm, it's got me	
	Everybody dance	
	Out on that gay White Way	
	In each merry cafe	
	Orchestras play, takin' your breath away	
	Broadway rhythm, it's got me	
	Everybody sing and dance	
	Oh, that Broadway rhythm	
	Oh, that Broadway rhythm	
	When I hear that happy beat	
	Feel like dancin' down the street	
	Oooh, that Broadway rhythm	
	Writhing, beating, rhythm	
PERFORMERS	: Gotta dance	
DON	: Gotta dance	
PERFORMERS	: Gotta dance	
DON	: Gotta dance	

Don appears at "COLOMBIA BURLESQUE" stage and performs with a line of chorus GIRLS.

GIRLS	: When I hear that happy beat	
	Feel like dancin' down the street	

He then appears on the stage at "PALACE VAUDEVILLE."

GIRLS	: When I hear that happy beat	

Singin' in the Rain

ドン	：	踊らなきゃ
		踊らなきゃ
代理人	：	しーっ！

代理人がドアをたたく。ドアを開けると、たくさんのダンサーたちがいる。

ダンサー	：	踊らなきゃ
ダンサーたち	：	踊らなきゃ
ドン	：	踊らなきゃ
		踊らなきゃ
		ブロードウェイのリズム、それが僕を魅了する
		みんなが踊る
		ブロードウェイのリズム、それが僕を魅了する
		みんなが踊る
		そのにぎやかな不夜城の街の
		あちこちの陽気なカフェでは
		オーケストラが演奏し、人を魅了する
		ブロードウェイのリズム、それが僕を魅了する
		みんなが歌い踊る
		ああ、あのブロードウェイのリズム
		ああ、あのブロードウェイのリズム
		そのごきげんなビートを聞くと
		街に繰り出して踊りたくなる
		ああ、あのブロードウェイのリズム
		身もだえするような、激しいリズム
ダンサーたち	：	踊らなきゃ
ドン	：	踊らなきゃ
ダンサーたち	：	踊らなきゃ
ドン	：	踊らなきゃ

ドンは「コロンビアバーレスク」の舞台に現れ、列になったコーラスガールのダンサーたちと一緒に踊る。

ガールズ	：	そのごきげんなビートを聞くと
		街に繰り出して踊りたくなる

それから彼は「パレスボードビル」の舞台に現れる。

ガールズ	：	そのごきげんなビートを聞くと

■ lots of
a lot of ともし、通例、肯定文で数、量ともに用いられる。なお、疑問文、否定文では many, much が普通。

■ it's got me
get の「ものを手に入れる」という基本的意味から「つかむ」、Do you get me?（私の言うことがわかりますか？）のように「理解する」など、多くの意を表して使われる。ここでの get は「心をとらえる、感動させる」の意。
ex. This movie got me.（この映画には感動した）

■ gay
= carefree; cheerful; gleeful; jolly; joyful; merry; vivacious

■ feel like...
「S + feel like + O」の型で「SはOしたい気分である」の意を表す。Oは名詞、動名詞。
ex. I feel like going out tonight.（今夜は外出したい気分だ）

■ burlesque
19世紀後半から20世紀初期にかけてはやった短い風刺劇、アクロバット、わいせつな歌などを取り混ぜた大衆的な音楽喜劇。第1次大戦後は、これにストリップショーが加わり、ジプシー・ローズ・リーらが登場して人気を博したが、1942年に法律で禁止された。

■ chorus girl
合唱舞踏団の歌手またはダンサー。

133

GIRLS	: Feel like dancin' down the street	

Next, he appears on the stage at "Ziegfeld Follies."

Ziegfeld Follies　ジーグフェルドフォリーズ

GIRLS	: When I hear that happy beat
	Feel like dancin' down the street
AGENT	: Gotta dance
	Gotta dance
DON	: Gotta dance
	Gotta dance
	Gotta dance

All performers appear.

ALL	: That's the Broadway melo-dy

Back in Simpson's office.

back　（元の場所に）戻って，帰って

DON	: Well, that's the idea of the number, R.F. What do you think of it?
SIMPSON	: I can't quite visualize it. I'll have to see it on film first.
COSMO	: On film it'll be better yet.
SIMPSON	: Now, get goin', fellas. Don't forget, you've got to have that Selden girl re-record all of Lina's dialogue.
COSMO	: It's all set up.
SIMPSON	: And remember, don't let Lina know about it.

visualize　心に描く，視覚化する，思い描く，想像する

yet　なお一層

get goin'　取り掛かる

have that Seldon girl re-record

set up　セットする，手はずを整える

INT. RECORDING STUDIO - DAY - Don and Kathy prepare to record all of Lina's lines from the movie. Cosmo and a sound ENGINEER sit in the control room.

prepare to...　～する用意をする，～する準備をする

COSMO	: All set in there?
ENGINEER	: All right.

The sound engineer starts rolling "The Duelling Cavalier" movie.

roll　（機械などを）始動する，作動する

LINA	: (on screen) **Nothing can keep us apart. Our love will last 'til the stars turn cold.**

turn cold　冷たくなる，冷える

ガールズ	：	街に繰り出して踊りたくなる

次に彼は「ジーグフェルドフォリーズ」の舞台に現れる。

ガールズ	：	そのごきげんなビートを聞くと 街に繰り出して踊りたくなる
代理人	：	踊らなきゃ 踊らなきゃ
ドン	：	踊らなきゃ 踊らなきゃ 踊らなきゃ

ダンサーが全員登場する。

全員	：	それがブロードウェイのメロディー

再び、シンプソンの事務所。

ドン	：	まあ、これが、この曲のアイデアですが、R・F。どう思います？
シンプソン	：	あまりはっきりとイメージできないな。まずフィルムで見てみないと。
コズモ	：	フィルムでは一層よくなりますよ。
シンプソン	：	さあ、みんな、進めてくれ。忘れるな。リーナのセリフはみんなセルデンって娘に吹き替えさせるんだ。
コズモ	：	すべて手配済みです。
シンプソン	：	それに忘れるな。リーナにはこのことを気づかれないように。

屋内－レコーディングスタジオ－昼－ドンとキャシーは映画のリーナのセリフをすべて録音する準備をしている。コズモと音響技師が制御室で座っている。

コズモ	：	そっちの準備はいいですか？
技師	：	いいですよ。

音響技師が映画『闘う騎士』を上映し始める。

リーナ	：	(画面上)何も私たちを引き離すことなんてできやしないわ。私たちの愛は、星が絶えるまで、永遠に続くのよ。

■ Ziegfeld Follies
ブロードウェイで1907年から1931年まで上演された豪華なレビューで、当時のトップのエンターテイナーの多くが出演していた。また舞台に登場するコーラスガールと呼ばれる美女軍団はジーグフェルド・ガールとして知られていた。ちなみに、ジーグフェルド(Florenz Ziegfeld, 1867-1932)とはドイツからの移民を両親に持つシカゴ生まれのブロードウェイの興行主で、「アメリカ女性を美しく見せる人」として有名だった。

■ back
ex. I have good whisky back in my office.(オフィスに戻るといいウイスキーがあるんだ)

■ visualize
ex. I can visualize her happiness.(彼女の幸せが目に浮かぶよ)

■ yet
ここでは比較級を強めて使われる。

■ have that Selden girl re-record
「S ＋ have ＋ O ＋ do」の型で「SはOに〜させる、〜してもらう」の意を表す。ここでのhaveは使役の意だが、makeやgetに比べて間接的な使役が表される。
cf. I had them wash my car.(私は彼らに車を洗ってもらった)

■ prepare to...
prepare forとした場合は、重大なことに「備える」という意味合いを持つ。
cf. Let's prepare for the worst.(最悪の事態に備えよう)

■ turn cold
「(星が)絶える、この世が終わる」ほどの意。ここでのturnはbecome、すなわち補語を伴って人、物、事が変化して「〜になる」を意味する。
cf. He turned pale.(彼は青くなった)
cf. These leaves turn yellow in autumn.(秋にはこれらの葉は黄色になる)

COSMO	: All right, Kathy. Go ahead.	
KATHY	: Nothing can keep us apart. Our love will last 'til the stars turn cold.	
COSMO	: That's great. Perfect. Cut.	That's great ◊
DON	: 'Til the stars turn cold. Oh, Kathy, I love you.	
KATHY	: Don?	
DON	: Kathy, I can't wait 'til this picture's finished. No more secrecy. I'm gonna let Lina know and I'm gonna let everyone know.	No more secrecy ◊ let Lina know ◊
KATHY	: Your fans will be bitterly disappointed.	bitterly 激しく, 非常に ◊
DON	: From now on, there's only one fan I'm worrying about.	from now on これから先は, 今後は ◊

Don and Kathy kiss. Lina and Zelda are standing in the recording studio watching Don and Kathy.

LINA	: There! Oh!	
ZELDA	: What did I tell you, Lina?	What did I tell you ◊
LINA	: Thanks, Zelda. You're a real pal. I want that girl off the lot at once. She ain't gonna be my voice. Zelda told me everything.	
DON	: Thanks, Zelda. You're a real pal.	
ZELDA	: Oh, oh. Any time, Don.	Any time ◊
KATHY	: Now, look, Miss Lamont. Don and I…	
LINA	: Don? Don't you dare call him Don! I was calling him Don before you were born! I mean… I mean… You were kissing him!	
DON	: I was kissing her! I happen to be in love with her.	happen to… たまたま〜である
LINA	: That's ridiculous. Everybody knows you're in love with me.	
DON	: Oh, oh. Now, look, Lina. Lina, try and understand this. I'm going to marry her.	try and understand ◊
LINA	: Silly boy. She ain't the marrying kind.	She ain't the marrying kind ◊

Singin' in the Rain

コズモ	:	いいよ、キャシー。始めて。
キャシー	:	どんなものも私たちを引き離すことなんてできやしないわ。私たちの愛は、星が絶えるまで、永遠に続くのよ。
コズモ	:	いいぞ。完璧だ。カット。
ドン	:	星が絶えるまで。ああ、キャシー、君を愛しているよ。
キャシー	:	ドン？
ドン	:	キャシー、この映画が完成するまで待てない。もう秘密はごめんだ。僕は、リーナやみんなに知らせるよ。
キャシー	:	あなたのファンがひどくがっかりするわよ。
ドン	:	これからは、僕が気にするファンは1人だけだ。

ドンとキャシーはキスをする。リーナとゼルダがレコーディングスタジオの中で立ち、ドンとキャシーをじっと見ている。

リーナ	:	そんな！ ああ！
ゼルダ	:	言った通りでしょ、リーナ？
リーナ	:	ありがとう、ゼルダ。あなたは本当の友人よ。すぐにあの娘を撮影所から追い出してちょうだい。彼女に私の声はやらせないわよ。ゼルダが全部話してくれたの。
ドン	:	それはどうも、ゼルダ。君は本当の友人だよ。
ゼルダ	:	え、ええ。どういたしまして、ドン。
キャシー	:	あの、ちょっと、ミス・ラモント。ドンと私は…
リーナ	:	ドン？ 彼のことドンなんて絶対に呼ばないで！私はあなたが生まれる前から彼のことをドンと呼んでいたんだから。つまり…その…あんた、彼にキスしてたわね！
ドン	:	僕が彼女にキスをしたんだ！ 彼女に恋をしてしまったんだよ。
リーナ	:	そんなバカな。あなたが私に恋してることはみんな知ってるのよ。
ドン	:	おいおい。なあ、いいか、リーナ。リーナ、これをよく理解してくれ。僕は彼女と結婚する。
リーナ	:	おバカさんね。彼女は結婚するような相手じゃないわ。

■ That's great.
「それはすごい、素晴らしい、いいぞ」
相手の発言、行為などをほめる時の表現で、That's wonderful. と同意。

■ No more secrecy
cf. No more Hiroshima.（広島はもうたくさんだ → 二度と広島の悲劇を繰り返してはいけない）

■ let Lina know
「S + let + O + do」の型で「SはOを～させてやる」の意を表す。ただし「let + O + know」の場合は「Oに知らせる」の意となる。
cf. I'll let you go to the dance.（おまえをダンスに行かせてやろう）

■ bitterly
= ferociously; fiercely; hard; severely; terribly; vehemently; violently

■ from now on
= from now forward/forth/onward

■ What did I tell you?
「言った通りでしょう」
What I say has now come true. の意で、What did I say? ともいう。

■ Any time.
「どういたしまして」
ドンの Thanks. に対する返事で You are welcome. の意。

■ try and understand
try to understand のことだが、try and do の方がより口語的で強い切迫感を暗示する。

■ She ain't the marrying kind
ain't（俗語）は is/are/am/has/have not の短縮形で、低級な口語と見なされており、正しい文章や会話にあっては受け入れられない表現。ただし、気安さを示したり、ふざけたりして意識的に使われることがある。また、kind は通例、the kind として特定の種類、性質の人を表す。

137

LINA	:	She's just a flirt trying to get ahead by using you. Well, I'll put a stop to that. I'm gonna go up and see R.F. right now!
COSMO	:	Ah, you're a little late, Lina. The picture's already finished. If this girl weren't in the picture, you would be finished, too.
LINA	:	As far as I can see, she's the only one who's finished. Who will ever hear of her?
DON	:	Everybody. Why do you think Zelda's in such a sweat? Because Kathy nearly stole the picture from her.
COSMO	:	Sure, she's only doing you a favor, helping you in "The Dancing Cavalier."
DON	:	And she's getting full screen credit for it, too.
LINA	:	You, you mean it's gonna say up on the screen that I don't talk and sing for myself?
COSMO	:	Of course. What do you think?
LINA	:	Well…they can't do that.
COSMO	:	It's already done.
DON	:	And there's a whole publicity campaign being planned.
LINA	:	Publicity? They can't make a fool outta Lina Lamont! They can't make a laughingstock outta Lina Lamont! What do they think I am, dumb or something? Well, I make more money than…than, than Calvin Coolidge. Put together!

flirt 恋をもてあそぶ者
get ahead 成功する
put a stop to... ～を終わらせる、～をやめる

as far as... ～する限りでは

in such a sweat
nearly stole the picture from her

do someone a favor ～のために尽くす

What do you think

make a fool outta... ～をコケにする、～を笑い者にする
make a laughingstock outta... ～を笑い者にする

make more money than... ～より多くの金を稼ぐ
Calvin Coolidge

リーナ	:	あなたを利用して成功しようとしているただの軽い女よ。まあいいわ、私がやめさせてやろうじゃないの。R・Fにいますぐ会いに行くわよ！
コズモ	:	おっと、少し遅かったね、リーナ。映画はもう終わったよ。もしこの娘を映画から外せば、君も終わりさ。
リーナ	:	私の見る限りでは、終わるのは彼女だけよ。誰が彼女の存在を知るようになるっていうの？
ドン	:	みんなだよ。どうしてゼルダがあんなに焦っていると思う？　映画でキャシーが彼女より目立っているからだよ。
コズモ	:	そう、彼女は君に親切にしているんだぜ。『踊る騎士』で君を助けているのさ。
ドン	:	そして、そのことに対して画面にしっかり彼女の名前が出る。
リーナ	:	つまり、それって、私自身は歌ったり話したりしてないっていうことが、画面で表示されるってこと？
コズモ	:	もちろん。どう思う？
リーナ	:	そんな…そんなことさせないわよ。
コズモ	:	もうそうなってるさ。
ドン	:	それに大々的な宣伝キャンペーンも計画されている。
リーナ	:	宣伝ですって？　リーナ・ラモントをバカになんかさせるもんですか！　リーナ・ラモントを笑い者にはさせないわよ！　あの連中、私を何だと思ってるの、バカか何かとでも？　まったく、私は、カルビン、クーリッジよりずっと…ず、ずっとお金を稼いでるんだからね。2人を一緒にしたよりも！

■ flirt
特に女性について使われる。

■ get ahead
ex. That's why he got ahead.（それが理由で彼は成功したんだ）

■ put a stop to
ex. He put a stop to the quarrel.（彼はそのけんかを止めた）

■ as far as...
この表現は限界、程度、範囲を示して使われることも多い。
ex. He walked as far as the station.（彼は駅まで歩いていった）

■ in such a sweat
= such perturbed
ここでの sweat は「汗」ではなく、冷や汗が出るような状態、すなわち「不安な状態、いらいらした状態」の意。

■ nearly stole the picture from her
nearly became more outstanding in her movie than she is ほどの意。

■ do someone a favor
favor は「親切な行為、恩恵」の意。
ex. Will you do me a favor?（お願いがあるのですが）

■ What do you think?
= What is your opinion?

■ make a fool outta...
outta は out of を発音通りにつづったもの。また out of の後に複数名詞がくる場合は make fools out of... とする。

■ make a laughingstock outta...
laughingstock は「嘲笑の的、物笑いの種」の意。

■ Calvin Coolidge
= John Calvin Coolidge（1872-1933）
米国第30代大統領で任期は1923-29。すぐ後に出てくる put together（2人を一緒にした）という奇妙な表現は、おばかキャラのリーナが Calvin と Coolidge を別人だと思っていることからきたもの。

Lina's Plan

INT. SIMPSON'S OFFICE - DAY - *A newspaper reads, "Lina Greatest Singing and Dancing Star, Simpson Says."*

ROD	: (v.o.) "Monumental Pictures wildly enthusiastic...over Lina's singing pipes and dancing stems."	wildly 非常に, 激しく enthusiastic 熱狂的な pipes ◎ stems ◎
SIMPSON	: I never said that.	
ROD	: "Premiere tomorrow night to reveal Lina Lamont big musical talent." Oh, Boss, you simply can't pull a switch like this on the publicity department.	boss ボス ◎ pull a switch...this on ◎
SID	: We were all prepared on the campaign for Kathy Selden. Now you do this. At least keep us informed.	
SIMPSON	: Now, wait a minute, fellas. I don't know anything about this. I had nothing to do with it.	
ROD	: Well, what're we gonna do?	

Lina appears in the office.

LINA	: Nothing. Absolutely nothing. You wouldn't want to call the papers and say that Lina Lamont is a big fat liar.	absolutely まったく ◎ paper 新聞 ◎ big fat liar 大うそつき
SIMPSON	: Lina, did you send this stuff out?	
LINA	: I gave an exclusive story to every paper in town.	exclusive story 特種記事
SIMPSON	: Lina, you'll never get away with it. Rod, call the papers back.	you'll never get away with it ◎ call back 折り返し電話する ◎
LINA	: I wouldn't do that if I were you, R.F.	
SIMPSON	: Don't tell me what to do, Lina!	
LINA	: What do you think I am, dumb or something?	

リーナのもくろみ

TIME　01 : 31 : 18
□ □ □ □ □ □

屋内－シンプソンの事務所－昼－新聞に「シンプソンが、リーナを最高の歌手でダンサーと称賛」とある。

ロッド ：（画面外）「モニュメンタル・ピクチャーズ、リーナの歌声と踊る脚に…熱狂する」

シンプソン ：わしはそんなこと言っとらんぞ。

ロッド ：「明晩のプレミアで、リーナ・ラモントの素晴らしい音楽的才能が明かされる」。ああ、ボス、こんな宣伝部の意向に反するようなことをしてもらっては困りますね。

シド ：私たちはキャシー・セルデンのためのキャンペーンの準備をしてたんですよ。なのにこんなことをして。せめて私たちに知らせてくれないと。

シンプソン ：おい、ちょっと待ってくれ、君たち。わしはこれについては何も知らんぞ。まったく関係なしだよ。

ロッド ：では、どうしましょう？

事務所にリーナが現れる。

リーナ ：何もしなくていいわよ。まったく何もね。新聞社に電話してリーナ・ラモントは大うそつきですなんて言いたくもないでしょう。

シンプソン ：リーナ、君がこいつを送ったのか？

リーナ ：私が町の各新聞社に特種記事を送ったの。

シンプソン ：リーナ、こんなことをしてタダではすまんぞ。ロッド、新聞社に電話をかけ直せ。

リーナ ：私があなただったらそんなことしないわ、R・F。

シンプソン ：わしに指図するんじゃない、リーナ！

リーナ ：私を何だと思ってるの、バカか何かとでも？

■ **pipes**
= voice
特に歌うときの声についていう。

■ **stems**
= legs
人間の足についていう。

■ **boss**
職場で頂点に立つ人のことで、上司、社長、所長、現場主任など。日本語の「ボス」が持つ悪い響きはなく、また男性、女性に関係なく、両方に対して使われる。
ex. She is my boss.（彼女は私の上司です）

■ **pull a switch like this on**
= contradict like this

■ **absolutely**
ここでは nothing を強調する。

■ **paper**
「日刊新聞」は a daily paper、「朝刊新聞」は a morning paper、「夕刊新聞」は an evening paper、「日曜新聞」は a Sunday paper、「新聞配達人」は a paper carrier。

■ **exclusive story**
information given to one paper exclusively ほどの意。ただし、リーナが every paper と言っているところがこっけいである。これでは exclusive story にはならない。

■ **you'll never get away with it**
= you will not be allowed to perpetrate this story
なお、get away with は「（悪事などをして）罪を逃れる、うまくやる」の意。

■ **call back**
この表現は電話を受けた人が、かけてきた人に改めて電話すること。また電話をかけた人が、その相手に改めてかけ直すこと。
ex. I'll call you back later.（後でこちらから電話します）

141

LINA	:	I had my lawyer go over my contract.
SIMPSON	:	Contract?
LINA	:	Yeah. And I control my publicity, not you.
SIMPSON	:	Yeah?
LINA	:	Yeah. The studio's responsible for every word printed about me. If I don't like it, I can sue.
SIMPSON	:	What?
LINA	:	I can sue. If you tell the papers about Kathy Selden, it would be "detrimental and deleterious" to my career. Hmm, hmm. I could sue you for the whole studio.
SIMPSON	:	Why, that's a lot of nonsense.

Lina shows the contract to Simpson.

LINA	:	Says so right here. Contract dated June eight, nineteen twenty-five, paragraph thirty-four, subdivision letter "A." "The party of the first part," that's me.
SIMPSON	:	You win, Lina.
ROD	:	We'd better take Kathy Selden's credit off the screen.
SIMPSON	:	All right! All right! Go ahead. Let's just get this premiere over with. Satisfied?
LINA	:	Just one little thing more.
SIMPSON	:	Yes. You want me to change the name of the studio to Lamont Pictures Incorporated?
LINA	:	Oh, R.F., you're cute. No, I was just thinking you've given this little girl a part in Zelda's picture and you're gonna give her an even bigger one in the next?
SIMPSON	:	So what?
LINA	:	So, if she's done such a grand job doubling for my voice, don't you think she oughta go on doing just that...and nothing else?

go over ～をよく調べる, ～を検討する

be responsible for... ～に対して責任を負う

sue 訴える, 告訴する

detrimental and deleterious 不利益および損害

paragraph...letter A 第34条A項
the party of the first part 第一の当事者

credit クレジット

get...over with 終わらせる, 済ませる

incorporated （会社が）法人組織の, 有限責任の

So what?

double for... ～の代役を務める, ～の替え玉になる
oughta
go on doing ～し続ける

142

リーナ	：	私、弁護士に契約書を調べさせたのよ。
シンプソン	：	契約書？
リーナ	：	そう。それで、あなたではなく、私が自分の宣伝を管理しているの。
シンプソン	：	そうかね？
リーナ	：	そうよ。撮影所は私について書かれた一字一句に責任があるの。もし、私がそれを気に入らなかったら、訴えることができるのよ。
シンプソン	：	何だって？
リーナ	：	訴えることができるの。もしあなたがキャシー・セルデンのことを新聞社に話したら、私のキャリアに「不利益および損害」を与えることになるわ。そうよ、そう。私はこの撮影所そっくりよこせとあなたを訴えることができるのよ。
シンプソン	：	おいおい、まったくバカげてる。

リーナは契約書をシンプソンに見せる。

リーナ	：	ここにそう書いてあるわ。1925年6月8日付の契約書の第34条、項目「A」。「第一の当事者」それは私のことよね？
シンプソン	：	君の勝ちだ、リーナ。
ロッド	：	画面からキャシー・セルデンの名前を消した方がいいですね。
シンプソン	：	わかったよ！ わかった！ そうしてくれ。プレミアをさっさと終わらせよう。それで満足か？
リーナ	：	ちょっとしたことがもう1つあるわ。
シンプソン	：	そうか。わしに撮影所の名前をラモント映画会社へと変えてほしいのかね？
リーナ	：	まあ、R・Fったら、かわいいわね。いいえ、私、ちょっと考えてたの、あなたはゼルダの映画でこの娘っ子に役を与えたけど、次の映画ではもっと大きな役を与えるつもりなのよね？
シンプソン	：	それがどうした？
リーナ	：	だから、もしこの女が私の声をそんなに上手に吹き替えしたんだったら、ずっとそれをやり続けるべきだと思いません…他のことは何もしないで？

■ go over
examine the stipulations of ほどの意。この表現は「仔細に調べる」のほかに、「（説明や作業を）繰り返す」「（書類などに）ざっと目を通す」などの意味でもよく使われる。
ex. She went over the vocabulary before the English test.（彼女は英語のテストの前に語句の復習をした）

■ be responsible for...
ex. You are responsible for what you did.（あなたは自分のしたことに対して責任があります）

■ sue
sue を syoo と発音していることから、シンプソンの What? のセリフがある。

■ detrimental and deleterious
単語をよく知らないため detrimental を deteremental と発音している。

■ the party of the first part
ここでの party は法律用語で証書や契約書などの「署名人、当事者」の意。

■ credit
制作者、著作者、出演者などスタッフの明示、またその一覧。ここでは声の出演者としての彼女の名前。

■ get...over with
通例、嫌なことをさっさと済ませる際に使われる。
ex. Let's get this meeting over with.（この会議をさっさと終わらせよう）

■ incorporated
Inc. と略して社名の後に付ける。

■ So what?
「それがどうしたというんだ？、だからどうした？」
What importance or relevance does that have? ほどの意で、嫌悪、軽蔑、無関心などを表してしばしば乱暴に表現される。これより少し丁寧な同意の表現は What of it? とか What about it?。

■ oughta
ought to を発音通りにつづったもの。

■ go on doing
ex. She went on crying.（彼女は泣き続けた）

143

SIMPSON	: Lina, you're outta your mind.	outta your mind ⇨
LINA	: After all, I'm still more important to the studio than she is.	
SIMPSON	: Lina, I wouldn't do that to her in a million years. Why, you'd be taking her career away from her. People just don't do things like that.	I wouldn't do that ⇨ in a million years ⇨ take...away　〜を奪い去る ⇨
LINA	: People? I ain't people. I'm a... "A shimmering, glowing star in the cinema firmament." It says so. Right there.	shimmer　チラチラ光る cinema firmament　映画界 ⇨

Lina passes the newspaper to Simpson. She smiles contently with her actions.　　contently　満足げに、満足して

英語のポピュラーな初級用早口ことば

以下に掲げる早口言葉（tongue twister）に挑戦してみよう。これらがスラスラ言えるようになったら早口ことば３級合格です。

A big black bug bit a big black dog on his big black nose.
（大きな黒い虫が大きな黒い犬の大きな黒い鼻を刺した）
A noisy noise annoys an oyster.
（ざわざわした騒音がカキを悩ます）
A skunk sat on a stump and thunk the stump stunk.
（スカンクが切り株の上に座ったので、その切り株は臭いと思った）
Betty and Bob brought back blue balloons from the big bazaar.
（ベティとボブは大きなバザーから青い風船を持ち帰った）
Can you can a can as a canner can can a can?
（あなたは缶職人が缶を作れるように缶を作ることができますか？）
Dust is a disk's worst enemy.
（チリはディスクの最悪の敵である）

シンプソン	：リーナ、君はどうかしてるぞ。
リーナ	：結局は、会社にとって私の方がまだあの女より大事でしょう。
シンプソン	：リーナ、彼女に対してそんなことは絶対にできん。まったく、君は彼女からキャリアを奪おうっていうのか。人はそんなことはしないものだ。
リーナ	：人ですって？ 私は「人」じゃないわ。私は…「映画界に燦然と輝く大スター」よ。そう書いてあるわ。ほら、ここにね。

リーナはシンプソンに新聞を渡す。彼女は自分の行動に満足げにほほえむ。

■ outta your mind
out of your mind のことで、outta は out of の発音つづり。

■ I wouldn't do that
ここでの would は「〜するだろう」の意を表して仮定法の帰結節が用いられたもの。文頭もしくは文末に if I were you を補って考える。

■ in a million years
この場合は否定を強調したもので「絶対に」ほどの意。

■ take...away
「（物を）運び去る、片付ける」「（人を人や場所から）連れ去る、引き離す」などの意でもよく使われる。

■ cinema firmament
firmament を firmamint と発音している。

Elizabeth's birthday is on the third Thursday of this month.
（エリザベスの誕生日は今月の第3木曜日です）
Gertie's great-grandma grew aghast at Gertie's grammar.
（ガーティの曾祖母はガーティの文法に肝をつぶした）
How many sheets could a sheet slitter slit if a sheet slitter could slit sheets?
（シーツの裁断師がシーツを裁断すると何枚シーツをシーツの裁断師は裁断することができるでしょう？）
If Stu chews shoes, should Stu choose the shoe he chews?
（もしスチューが靴をかむなら、スチューは自分がかむ靴を選ぶべきですか？）
She sells seashells on the seashore.
（彼女は海辺で貝殻を売る）

曽根田　憲三（相模女子大学名誉教授）

My Lucky Star

10 *EXT. / INT. CHINESE THEATER - NIGHT - The movie plays to a packed house.*

LINA	: Oh, Pierre. Pierre, my darling. At last I've found you. Oh, Pierre. Pierre, you're hurt. Oh, speak to me. Speak to me.
DON	: I'll kiss her with a sigh, would you, would you
LINA	: And if the girl were I, would you, would you Oh, Pierre, hold me in your arms always.

A man in the audience comments to the woman next to him. Cosmo and Kathy, sitting behind them, listen in.

MAN	: Lockwood's a sensation.
WOMAN	: Yes, but Lamont. What a voice! Isn't she marvelous!
KATHY	: It's going over wonderfully, isn't it?
COSMO	: Yeah.
DON	: Our love will last 'til the stars turn cold. (singing) And would you dare to say Let's do the same as they
DON & LINA	: I would, would you

Don and Lina kiss as a caption reads "THE END." The audience applauds. Don leads Lina onto the stage.

AUDIENCE	: Bravo! Bravo!

Cosmo and Kathy go backstage and compliment Simpson.

COSMO	: R.F., it's a real smash.
SIMPSON	: Congratulations, kids. We owe you a lot.
KATHY	: Thank you, Mr. Simpson.

---

packed house 満員の映画館 ⊃

hurt けがをした, 傷ついた ⊃

hold someone in one's arms 人を腕に抱く, を抱く ⊃

listen in 盗み聞きする, 盗聴する

sensation センセーション, 大騒ぎ, 大評判, 評判の的 ⊃

go over 受け入れられる ⊃

Bravo ブラボー, いいぞ, うまいぞ ⊃

compliment 褒める, 祝福する, 祝辞を述べる, 称賛する

We owe you a lot ⊃

わが幸運の星

TIME　01 : 34 : 00
□ □ □ □ □ □

屋外／屋内－チャイニーズ・シアター－夜－映画が満員の映画館で上映されている。

リーナ　　：ああ、ピエール。私のいとおしい人、ピエール。ついにあなたに巡り合えた。ああ、ピエール。ピエール、あなた、けがをしてるのね。ああ、私に話して。私に、話してちょうだい。

ドン　　　：僕は彼女に愛のキスをしよう、お願い、お願い

リーナ　　：そしてもしその娘が私だったら、お願い、お願いああ、ピエール、その腕にずっと私を抱いて。

観客の中の１人の男が隣に座っている女性に話しかける。彼らの後ろに座っているコズモとキャシーは聞き耳をたてる。

男性　　　：ロックウッドはすごいね。
女性　　　：ええ、でもラモントも。なんて素晴らしい声かしら！　彼女はすてきだわ！
キャシー　：大評判じゃない？
コズモ　　：そうだね。
ドン　　　：僕たちの愛は星が絶えるまで永遠に続くんだ。
　　　　　　（歌って）そして君は言ってくれるだろうか
　　　　　　彼らと同じことをしましょうと
ドンとリーナ：私は言うわ、あなたは

ドンとリーナがキスをすると、「終わり」の字幕が出る。観客は拍手をする。ドンはリーナを舞台へ連れ出す。

観客　　　：ブラボー！　ブラボー！

コズモとキャシーは舞台裏に行き、シンプソンを祝福する。

コズモ　　：R・F、本当に大成功ですね。
シンプソン：おめでとう、君たち。本当に君たちのおかげだよ。
キャシー　：ありがとう、シンプソンさん。

■ packed house
packed とは建物、乗り物が「いっぱいに混んでいる」の意。また house は家のみならず、劇場、音楽堂、公会堂、議会などについても使われる。

■ hurt
この語は肉体的な痛みばかりか、精神面、すなわち感情あるいは名声などについても用いられる。
ex. She was hurt by what he said.（彼女は彼の言葉に気分を害した）
ex. When I have a cold, my head hurts.（私は風邪を引くと頭が痛い）
ex. The accident hurt her badly.（= She was badly hurt in the accident.）（彼女は事故で大けがをした）

■ hold someone in one's arms
ex. She held her baby in her arms.（彼女は赤子を抱いた）
cf. The baby was asleep in her mother's arms.（その赤子は母親の腕の中で眠っていた）

■ sensation
ex. The movie created a great sensation.（その映画は大評判になった）

■ go over
= to be accepted or well received
計画、演説、スピーチなどが人に受け入れられることで、様態の副詞（句）を伴って用いられる。
ex. The party went over very well.（パーティーはとても受けが良かった）

■ Bravo
役者、歌手、演奏者などに対する称賛の叫び。グループに対しては複数形 Bravi が用いられることもある。

■ We owe you a lot
owe とは成果、成功などを「～に負うている、～のおかげである」の意。

147

Don and Lina come running backstage. Don hugs Kathy.

DON	: Kathy, we made it!	make it 成功する, うまくやり遂げる ♦
KATHY	: Don, it's a miracle!	miracle 奇跡, 驚くべきこと
COSMO	: It's great, Don. Just great. Oh, Lina, you were fabulous. You sang as well as Kathy Selden.	fabulous 素晴らしい ♦ as well as... ～と同じくらいよく ♦
LINA	: Yeah, and I'm gonna for a long time.	
DON	: Hey. What do you mean by that?	
LINA	: I mean, she's gonna go right on singing for me.	I mean つまり, その～ ♦
DON	: Listen, Lina. I thought something was cooking beneath those bleached curls of yours. Now get this! Kathy has got a career of her own. She only did this for the one picture.	something was cooking ♦ bleached curls...yours ♦ get this ♦
LINA	: That's what you think.	

Lina walks back on to the stage. Rod hurries Don.

ROD	: Come on! Come on!	
COSMO	: Lina's getting a little carried away, isn't she, boss?	getting a little carried away ♦
SIMPSON	: Yeah, yes, she is.	

Don and Lina come off the stage again.

DON	: Listen, you boa constrictor. Don't get any fancy ideas about the future. Tell her, R.F.	boa constrictor ボアコンストリクター ♦ fancy 途方もない, 法外な, とっぴな
LINA	: Never mind, R.F.! Listen to that applause out there, and wait 'til the money starts rolling in. You're not to give all that up just because some little nobody don't wanna be my voice.	Never mind ♦ wait 'til ♦ roll in 転がり込む some little nobody ♦
ROD	: She's got something there. It's a gold mine.	gold mine 金鉱, 宝の山, ドル箱
KATHY	: Part of that choice is mine, Miss Lamont, and I just won't do it.	
LINA	: You got a five-year contract, honey.	

ドンとリーナが舞台裏に走ってくる。ドンはキャシーを抱きしめる。

ドン　　　：キャシー、やったぞ！
キャシー　：ドン、奇跡だわ！
コズモ　　：すごいぞ、ドン。実に素晴らしい。ああ、リーナ、君はすごかったね。キャシー・セルデンと同じくらい上手に歌っていたよ。
リーナ　　：ええ、これから当分これでいくわ。
ドン　　　：ちょっと。それ、どういう意味だ？
リーナ　　：つまり、彼女は私の代わりに歌い続けるってことよ。
ドン　　　：いいか、リーナ。その頭の中で何か企んでいるって思っていたが。いいか、よく聞け！キャシーには彼女自身のキャリアがある。彼女はこの映画のためだけにやったんだ。
リーナ　　：それはあなたの考えでしょう。

リーナは舞台へ戻っていく。ロッドはドンをせかす。

ロッド　　：さあ！　さあ！
コズモ　　：リーナは少し図に乗っていませんか、ボス？
シンプソン：ああ、そう、そうだな。

ドンとリーナが舞台からまた戻ってくる。

ドン　　　：いいか、この大蛇女め。将来についておかしな考えを抱くんじゃない。彼女に言ってくださいよ、R・F。
リーナ　　：気にすることないわ、R・F！　あそこのあの大きな拍手を聞きなさいよ。もうすぐお金が転がり込んでくるわ。どこの誰かもわからないような子が私の声をやりたくないからって、全部あきらめてしまうなんてことしないわよね。
ロッド　　：彼女の言うことに一理ありますよ。それはドル箱です。
キャシー　：私にも選ぶ権利があるわ、ミス・ラモント。だから私はやりません。
リーナ　　：あなたは5年の契約を交わしてるのよ、お嬢さん。

■ make it
ここでは succeed の意で使われたもの。to arrive in time（間に合う）の意でも頻繁に使われる。
ex. Hurry up, or you won't make it to the party.（急げ、でないとパーティーに間に合わないぞ）

■ fabulous
= amazing; astonishing; awesome; incredible; marvelous; remarkable; unbelievable

■ as well as...
この表現は「A as well as B」の形で「AだけでなくBも、AはもちろんのことBも」の意でも頻繁に使われる。

■ I mean
話し手が聞き手の注意を引いて、それまで言っていたことを明確にしたり、発言を付け加える、言い換える際に使われる。

■ something was cooking
you were plotting something ほどの意。なお、cook は「でっち上げる、計画などが進む」を意味する。

■ bleached curls of yours
過酸化水素で漂白したリーナの金髪を軽蔑して言ったもので、ここでは「おまえの頭（の中で）」ほどの意。

■ get this
ここでの get は、通例、命令文で「注目する、聞く」の意味合いで軽蔑的に用いられる。また、「こいつを食らえ」の意で、相手をたたいたり、物を投げつけたりする際にも頻繁に用いられている。

■ getting a little carried away
becoming a little too arrogant and conceited ほどの意。

■ boa constrictor
獲物を絞め殺す熱帯アメリカの大型蛇。

■ Never mind
= Don't worry or be troubled about.; Take no notice of something.; Forget it.; It's not important.
「気にするな」
なお、Don't mind とは言わない。

■ wait 'til...
直訳の「～するまで待つ」から「もうすぐ～する」の意。

■ some little nobody
軽蔑的にキャシーのことを言ったもの。なお、nobody とは a person of no importance の意。

149

LINA	:	You'll do what R.F. says.
DON	:	What's the matter, R.F.? Why don't you tell her off?
SIMPSON	:	I don't know. I'm, I'm confused. This thing is so big, I…
ROD	:	Come on, they're tearing the house apart.
SIMPSON	:	Go on. Take a curtain call.

tell her off

confused　当惑した, 狼狽した, 混乱した

take a curtain call　カーテンコールを受ける

Don goes back on to the stage again to please the audience.

COSMO	:	Simpson, I once gave you a cigar. Can I have it back?
SIMPSON	:	Oh, now. Wait a minute.
LINA	:	Listen to 'em! I'm an avalanche! Oh, Selden, you're stuck!
DON	:	R.F., if this happens, you'll get yourself a new boy because I won't stand for it!
LINA	:	Who needs ya? They'd come to see me if I played opposite a monkey!
SIMPSON	:	Just a minute, Lina. Don's a smash, too. I'm going to say a few words. Now I'm still running the studio!
LINA	:	I'm not so sure! You're the big Mr. Producer, always running things, running me. Well, from now on, as far as I'm concerned, I'm running things.
SIMPSON	:	Oh, Lina Lamont Pictures Incorporated, huh?
LINA	:	Yeah.
SIMPSON	:	Lina, I think you've gone a little too far.
ROD	:	A speech, Don. They're yelling for a speech.
LINA	:	A speech? Yeah, everybody's always making speeches for me. Well, tonight I'm gonna do my own talking. I'm gonna make the speech!

I'm an avalanche
you're stuck

you'll get…a new boy

stand for…　〜を我慢する, 忍ぶ, 耐える

if I played…a monkey

run　経営する, 指揮する

I'm not so sure

as far as　〜に関する限り
concerned　〜に関係している

yell for…　大声を上げて〜を求める

Rod tries to run after Lina and stop her, but Don holds him back.

hold back　引き留める

Singin' in the Rain

リーナ	：	R・Fの言う通りにやるのね。
ドン	：	一体どうしたんですか、R・F？　彼女を叱りつけてくださいよ。
シンプソン	：	わからんのだ。わしは、わしは混乱している。問題があまりに大きいので、わしは…
ロッド	：	さあ早く、劇場は割れんばかりの拍手ですよ。
シンプソン	：	行って。カーテンコールを受けてくれ。

ドンは観客を満足させるために再び舞台に戻る。

コズモ	：	シンプソンさん、以前葉巻をさしあげましたよね。あれ、返してもらえます？
シンプソン	：	おいおい。ちょっと待ってくれよ。
リーナ	：	あれを聞いて！　私ってすごい人気だわ！　ねえ、セルデン、あなたは八方ふさがりよ！
ドン	：	R・F、もしそうなるのなら、新しい人を雇ってください。僕はもう我慢できないからさ。
リーナ	：	誰があなたを必要としてるっていうの？　私が演じれば、相手がサルだって彼らは観にくるわよ！
シンプソン	：	ちょっと待ってくれ、リーナ。ドンも素晴らしいんだ。少し言わせてもらうが、この撮影所を経営しているのはまだわしだぞ！
リーナ	：	さあ、どうかしらね！　あなたは大物プロデューサーで、いつも物事を仕切り、私をこき使ってきたけど。でも、これからは、私に関する限り、私がいろいろと仕切るわ。
シンプソン	：	ああ、リーナ・ラモント映画会社か、え？
リーナ	：	そうよ。
シンプソン	：	リーナ、君はちょっと行き過ぎだと思うがな。
ロッド	：	ドン、スピーチを。観客がスピーチを聞きたいと叫んでる。
リーナ	：	スピーチですって？　そうね、いつも私に代わってみんながスピーチをしてたわね。だけど今晩は、私、自分で話すわ。私がスピーチをするのよ。

ロッドはリーナの後を追いかけ止めようとするが、ドンが彼を引き留める。

■ tell her off
= reprimand her; correct her
ex. The boss got angry and told him off.（上司は怒って彼を叱りつけた）

■ confused
= abashed; perplexed; puzzled; confounded; mixed up

■ take a curtain call
curtain callとは演劇など幕切れに喝采して、出演者を再び舞台上に呼び出すこと。

■ I'm an avalanche
雪崩のように観客から拍手喝采が沸き起こるところからこの表現がある。

■ you're stuck
you have no choice but to continue acting as my voice ほどの意。ここでのstickは「動けなくする、身動きがとれない」で、この意味の場合は、本文中の例のように、通例、受身。

■ you'll get...a new boy
I'll quit ほどの意。

■ stand for...
ex. I won't stand for your nonsense anymore.（おまえのばかげた話はもうたくさんだ）

■ if I played...a monkey
= even if I acted with a monkey

■ run
ex. My father runs a store.（私の父は店を経営している）

■ I'm not so sure
特に相手に同意していない気持ちを表す。

■ hold back
ここでは人を「引き留める」だが、感情について「抑える、こらえる」の意でもよく使われる。
ex. She couldn't hold the tears back any longer.（彼女はもはや涙を抑えることができなかった）

ROD	: No! Wait, you can't do that!	
DON	: Wait a minute, Rod. Wait a minute. This is Lina's big night, and she's entitled to do the talking. (to Simpson and Cosmo) Right?	**big night** 大事な夜 **be entitled to...** ～の権利がある
SIMPSON & COSMO : Right.		

Lina stands in the middle of the stage.

LINA	: Ladies and gentlemen, I can't tell you how thrilled we are at your reception for "The Dancing Cavalier," our first musical picture together. If we bring a little joy into your humdrum lives, it makes us feel as though our hard work ain't been in vain for nothin'. Bless you all!	**be thrilled at...** ～に感激する, ～に大いに喜んでいる **reception** 受容, 反応 **musical** **humdrum** 単調な **as though...** まるで～のように **ain't been...for nothin'** **Bless you all**
MAN 1	: She didn't sound that way in the picture.	
MAN 2	: Cut the talk, Lina. Sing!	
AUDIENCE	: (v.o.) Sing! Yeah! Sing the song! Come on, Lina, sing!	
DON	: (to Simpson and Cosmo) I got an idea. Come here. Now listen.	

In front of a disgruntled audience, Lina runs off stage. **disgruntled** 不機嫌な, 不満な, むっとした

LINA	: What am I gonna do? What am I gonna do?	
SIMPSON	: Lina, we've got it. It's perfect. Rod, get a microphone. Set it up back of that curtain. Kathy, come here. Lina, Kathy will stand off back of there and sing for you.	
LINA	: You mean, she'll be back of the curtain singing, and I'll be out in front doing like in the picture?	
COSMO	: That's right.	
KATHY	: What?	
DON	: You gotta do it, Kathy. This thing is too big.	
SIMPSON	: Of course she's got to do it. She's got a five-year contract with me. Get over to that microphone, Selden.	**get over** 行く
DON	: You heard him, Kathy.	

Singin' in the Rain

ロッド	:	ダメだ！ 待って、それはだめだ！
ドン	:	ちょっと待て、ロッド。ちょっと待て。今夜はリーナの大事な晩だし、彼女には話す権利がある。（シンプソンとコズモに）でしょ？
シンプソンとコズモ	:	その通り。

リーナは舞台の真ん中に立つ。

リーナ	:	皆さん、私たちが共演した最初のミュージカル映画『踊る騎士』に対する皆さんの反応に、私たちがどれほど感動したか言葉で言い表すことはできません。皆さんの単調な生活に少しでも喜びをもたらすことができれば、私たちの努力も無駄ではなかったという気がいたします。ありがとうございました！
男1	:	彼女、映画の中ではあんな声じゃなかったぞ。
男2	:	リーナ、話はやめて。歌ってくれ！
観客	:	（画面外）歌って！ そうだ！ 例の歌を歌ってくれ！ さあ、リーナ、歌って！
ドン	:	（シンプソンとコズモに）僕に考えがある。こっちへ来て。さあ聞いてくれ。

不満を抱いた観客を前に、リーナは舞台から走り去る。

リーナ	:	私、どうしたらいいの？ どうしたらいいの？
シンプソン	:	リーナ、こうしよう。完璧さ。ロッド、マイクを用意しろ。それをあのカーテンの後ろに置くんだ。キャシー、こっちへ。リーナ、キャシーがあそこの後ろに立って、君の代わりに歌う。
リーナ	:	つまり、彼女がカーテンの後ろで歌い、私は前で映画の中みたいにするわけね？
コズモ	:	その通りだ。
キャシー	:	えっ？
ドン	:	そうするんだ、キャシー。ことが重大過ぎる。
シンプソン	:	もちろんやらなければならんよ。彼女にはわしとの5年契約がある。セルデン、あのマイクの所へ行きたまえ。
ドン	:	あの人の言葉を聞いたろう、キャシー。

■ big night
ここでの big は important を意味する。

■ be entitled to...
entitle は物事をしたり、物を得る「権利、資格」の意。

■ be thrilled at...
ここでの thrilled は excited intensely とか moved ほどの意。
ex. I was thrilled at her offer.（私は彼女の申し出にひどく感激した）

■ musical
間違って musicale（音楽会）と発音している。

■ humdrum
ex. I'm tired of this humdrum work of filing papers.（私はこの単調な書類整理の仕事にはうんざりだ）

■ as though...
= as if
ex. She talks as though she knew everything.（彼女は何でも知っているかのような口ぶりだ）

■ ain't been...for nothin'
ain't been は has not been のこと。また、for nothing は不要。このように1つの節に2つの否定語を用いて1つの否定の意を表す二重否定は、日常会話では特に教養のない人々の間で用いられ、正用法とは認められない。二重否定のみならず、三重否定、多重否定の例もしばしばある。否定語が重複すると相殺されて肯定になるのが論理であるが、無教養階層にあっては感情が優先し、否定語1つでは意味が弱いと感じられるのであろう。

■ Bless you all.
「みなさま方に神のお恵みがありますように」「どうもありがとうございました」
文頭の God もしくは May God が省略されたもので、感謝の言葉。なお、God bless you. で、別れのときに「さようなら」、くしゃみをした相手に「お大事に」の意で使われる。

■ get over
ある距離、すなわち離れた場所へ行くこと。なお、この表現は「（柵や塀などを）乗り越える」「（困難などを）克服する」の意でもよく用いられる。
ex. Get over here.（こっちへ来たまえ）
ex. He got over the death of his girlfriend.（彼はガールフレンドの死を克服した）

153

DON : Now, do it!
KATHY : I'll do it, Don. I'll do it. But, I never want to see you again, on or off the screen.

Kathy storms off to behind the stage curtains.

COSMO : Come on, Lina.

Lina walks back onto the stage. The CONDUCTOR of the stage band questions Lina.

CONDUCTOR : What are you going to sing, Miss Lamont?

Lina leans to the curtain, from behind which Kathy says the name of the song.

KATHY : (v.o.) "Singin' in the Rain."
LINA : "Singin' in the Rain."
CONDUCTOR : "Singin' in the Rain." In what key?

Lina leans to the curtain again to find the answer.

KATHY : (v.o.) A flat.
LINA : A flat.
CONDUCTOR : In A flat.

The music begins and Kathy sings from behind the curtain while Lina just moves her lips.

KATHY : I'm singin' in the rain
Just singin' in the rain
What a glorious feelin'
I'm happy again
I'm laughin' at clouds
So dark up above
The sun's in my heart
And I'm ready for love
Let the stormy clouds chase
Everyone from the place

Simpson, Don and Cosmo start singing along as they walk around the curtain rope before pulling it together to open the curtain.

---

on or off the screen 画面内でも画面外でも

storm off 怒って立ち去る, 勢いよく去る

conductor 指揮者
band バンド, 楽団, 音楽隊

key キー, 主音, 曲の調子

A flat Aフラット

while 同時に, そして一方

sing along (歌, 曲に)合わせて歌う

154

ドン	: さあ、やるんだ！
キャシー	: やるわ、ドン。やるわよ。でも、あなたには二度と会わないわ、画面の上でも、それ以外でも。

キャシーは怒って舞台のカーテンの後ろに向かう。

コズモ	: さあ、リーナ。

リーナは歩いて舞台に戻る。舞台バンドの指揮者がリーナに尋ねる。

指揮者	: 何を歌いますか、ミス・ラモント？

リーナがカーテンに身を寄せると、その後ろからキャシーが歌の名前を言う。

キャシー	: （画面外）「雨に唄えば」。
リーナ	: 「雨に唄えば」。
指揮者	: 「雨に唄えば」。キーは何ですか？

リーナは答えを求めて再びカーテンの方に身を寄せる。

キャシー	: （画面外）Aフラット。
リーナ	: Aフラット。
指揮者	: Aフラットで。

音楽が始まり、キャシーはカーテンの後ろで歌うが、リーナは口を動かすだけだ。

キャシー	: 雨に唄う
	ただ雨に唄う
	なんて愉快な気持ち
	僕はまた幸せに
	僕は雲に笑いかける
	空はあんなに暗いけど
	僕の心には太陽が
	そして僕は恋する気分
	嵐の雲よ追い立てろ
	誰かれなしにこの場から

シンプソン、ドンそれにコズモは歌い始め、カーテンのロープの周りを歩く。それから一斉にロープを引いてカーテンを開ける。

■ **on or off the screen**
仕事でもプライベートでも、との意。

■ **storm off**
ここでの storm は to move angrily の意。
cf. She stormed out of the room.（彼女は怒って部屋を飛び出していった）

■ **conductor**
オーケストラについて用いられると a person who directs an orchestra。バス、列車、電車に使われた場合には「車掌」。

■ **key**
長調、短調など、音楽でハ調、ニ調などの調のこと。

■ **A flat**
A とはハ長調の第6音またはイ短調の第1音。また flat とは変位記号の1つで、与えられた音を半音下げる記号。ちなみに指定された音を半音上げる記号は sharp。

■ **while**
行為の類似、対応、比較、対照、反対などについて用いられて、and とか whereas、although を意味する接続詞。

■ **sing along**
ここでの along は「同調して、同時に」を意味する副詞。
ex. She is singing along with the performer.（彼女は演奏者に合わせて歌っている）

SIMPSON & DON & COSMO & KATHY : Come on with the rain
　　　　　　　　I've a smile on my face
　　　　　　　　I'll walk down the lane
　　　　　　　　With a happy refrain
　　　　　　　　I'm singin'
　　　　　　　　Just singin' in the rain

The curtain opens to reveal Kathy singing behind Lina. Lina has no idea what is happening, but Kathy is confused.

have no idea	さっぱりわからない ↻

KATHY : I'm singin' in the rain
　　　　　Just singin' in the rain
　　　　　What a glorious feelin'
　　　　　I'm happy again
　　　　　I'm laughin' at clouds
　　　　　So dark up above

Cosmo runs on the stage to Kathy's microphone and starts singing.

COSMO : The sun's in my heart
　　　　　 And I'm ready for love

Kathy runs off the stage and up the aisle. Lina turns around to see what is happening. Lina runs away.

aisle	通路 ↻

COSMO : Let the stormy clouds chase…

Don runs onto the stage.

onto	の上へ ↻

DON : Ladies and gentlemen, stop that girl. That girl running up the aisle! Stop her.

Audience members block Kathy from escaping.

block	妨げる, 遮断する ↻

DON : That's the girl whose voice you heard and loved tonight! She's the real star of the picture. Kathy Selden!

The audience applauds, while Kathy is crying.

DON : Kathy.

Singin' in the Rain

シンプソンとドンとコズモとキャシー：雨よ降れ
　　　　　　　僕は笑顔だ
　　　　　　　小道を歩こう
　　　　　　　楽しいフレーズを繰り返し
　　　　　　　僕は唄う
　　　　　　　ただ雨に唄う

カーテンが開くと、リーナの後ろでキャシーが歌っていることが明らかになる。リーナは何が起こっているのかわからないが、キャシーは困惑している。

キャシー　：雨に唄う
　　　　　　　ただ雨に唄う
　　　　　　　なんて愉快な気持ち
　　　　　　　僕はまた幸せに
　　　　　　　僕は雲に笑いかける
　　　　　　　空はあんなに暗いけど

コズモは舞台を走り、キャシーのマイクの所へ行くと、歌い出す。

コズモ　：僕の心には太陽が
　　　　　　　そして僕は恋する気分

キャシーは舞台から走り去り、通路を上がっていく。リーナは振り返り、現実を目にする。リーナは走り去る。

コズモ　：嵐の雲よ追い立てろ…

ドンが走って舞台に上がる。

ドン　：皆さん、その女性を止めてください。通路を駆け上がっていくその女性です！　彼女を止めて。

観客たちはキャシーが逃げるのを妨げる。

ドン　：その女性こそ、今夜皆さんが聞き、愛した声の持ち主です！　彼女こそ、この映画の真のスターです。キャシー・セルデンです！

観客は拍手喝采する。彼女は泣いている。

ドン　：キャシー。

■ **have no idea**
ここでの idea は「考え」ではなく、「知識、認識、見当」の意。なお、I have no idea は I don't have the slightest idea ともいう。また slightest に代わって least, remotest, faintest, first, foggiest も用いられる。
cf. I don't have the slightest idea about that.（そのことについてはさっぱりわからない）

■ **aisle**
バス、列車、飛行機、劇場などの座席列の間にある通路。
ex. aisle seat（通路側の座席）
cf. window seat（窓側の座席）

■ **onto**
この語は on（の上へ）に to（向かって）が加わってできた複合前置詞。アメリカでは1語で書く方が多いが、イギリスでは on to と2語にする。

■ **block**
= to stop the movement of someone or something
この語は景色などを「見えなくする、遮る」の意でも頻繁に使われる。
ex. You are blocking my view.（私の視界を遮っています → ちょっと、見えないんですけど）

157

DON	: You are my lucky star	You are my lucky star ↻
	I saw you from afar	from afar 遠くから ↻
	Two lovely eyes at me, they were gleaming,	gleam 輝く, きらめく
	beaming	beam 光を放つ, 輝く, 微笑みかける

Kathy walks back towards the stage and joins in singing.

KATHY	: I was star-struck	star-struck スターに会って感動した ↻
DON	: You're all my lucky charms	lucky charm 幸運のお守り ↻

Don and Kathy embrace on the stage.

embrace 抱く, 抱擁する, 抱き合う

KATHY	: I'm lucky in your arms	
DON	: You've opened heaven's portal	heaven's portal 天国の門 ↻
	Here on Earth for this poor mortal	mortal ↻

EXT. GARDEN - DAY - Don and Kathy stand in front of a large billboard which reads, "SINGIN' IN THE RAIN DON LOCKWOOD KATHY SELDEN MONUMENTAL PICTURES."

billboard 広告板, 掲示板 ↻

CHORUS	: You are my lucky star

ドン	： 君は僕の幸運の星 僕は遠くから君を見た 僕を見る２つの美しい目はきらきら光り輝いていた

キャシーは舞台の方へ歩いて戻り、歌に加わる。

キャシー	： 私はスターに会って感動した
ドン	： 君は僕の幸運のお守り

ドンとキャシーは舞台で抱き合う。

キャシー	： 私は幸運、あなたの腕の中で
ドン	： 君が天国の門を開いてくれた この地上の、この哀れな者に

屋外－庭－昼－ドンとキャシーは「雨に唄えば、ドン・ロックウッド、キャシー・セルデン、モニュメンタル・ピクチャーズ」と書かれた大きな広告板の前に立つ。

コーラス	： 君は僕の幸運の星

■ **You are my lucky star**
曲名は *You Are My Lucky Star*。Arthur Freed 作詞、Nacio Herb Brown 作曲。

■ **from afar**
afar は文語で一般に「遠くから」を意味する副詞だが、ここでは「遠方」の意を表す名詞で、from afar という表現のみで用いられる。

■ **star-struck**
strike の「人の心を打つ、強い印象を与える」から、通例、受身で用いられて「魅せられる」を意味する。

■ **lucky charm**
charm は「お守り、魔よけ」。
cf. I'm wearing a charm against evils.（私は災難よけのお守りを身に付けています）

■ **heaven's portal**
portal とは宮殿などの堂々とした正門をいう。

■ **mortal**
portal と韻を踏む。

■ **billboard**
通例、屋外にある大型のものをいう。

出版物のご案内 ― 最新情報はホームページをご覧ください

英国王のスピーチ　iPen対応

幼い頃から吃音という発音障害に悩まされている英国王と、一般人スピーチセラピストとの友情を描いた感動作。

中級

1,600円（本体価格）
四六判変形 168ページ
【978-4-89407-473-6】

オズの魔法使　iPen対応

ドロシーと愛犬トトはカンザスで竜巻に巻き込まれ、オズの国マンチキンに迷い込んでしまう。

初級

1,400円（本体価格）
四六判変形 168ページ
【978-4-89407-469-9】

幸せになるための27のドレス　iPen対応

花嫁付き添い人として奔走するジェーン。新聞記者のケビンは、取材先で出会った彼女をネタに記事を書こうと画策する。

中級

1,600円（本体価格）
四六判変形 200ページ
【978-4-89407-471-2】

市民ケーン　iPen対応

かつての新聞王ケーンが死に際に残した謎の言葉「バラのつぼみ」をめぐって物語は進んでいく…。

中級

1,400円（本体価格）
四六判変形 200ページ
【978-4-89407-492-7】

シャレード　iPen対応

パリを舞台に、夫の遺産を巡って繰り広げられるロマンチックなサスペンス。

中級

1,400円（本体価格）
四六判変形 228ページ
【978-4-89407-546-7】

紳士協定　iPen対応

反ユダヤ主義に関する記事の執筆を依頼されたフィルは、ユダヤ人と偽って調査するが、予想以上の差別や偏見を受ける。

上級

1,400円（本体価格）
四六判変形 208ページ
【978-4-89407-522-1】

紳士は金髪がお好き　iPen対応

ダイヤモンドのティアラを巡って起こる大騒動。マリリン・モンローのチャーミングな魅力が満載のミュージカルコメディ。

中級

1,400円（本体価格）
四六判変形 208ページ
【978-4-89407-538-2】

スタンド・バイ・ミー　iPen対応

不良グループの話しを盗み聞きし、目当ての死体を探しに旅に出る4人の少年達。最初に見つけてヒーローになろうとするが…。

中級

1,600円（本体価格）
四六判変形 152ページ
【978-4-89407-504-7】

素晴らしき哉、人生！　iPen対応

クリスマス前日、資金繰りに刻し自殺を考えるジョージに、二級天使クラレンスは彼を助けようと…。

中級

1,400円（本体価格）
四六判変形 224ページ
【978-4-89407-497-2】

ダークナイト　iPen対応

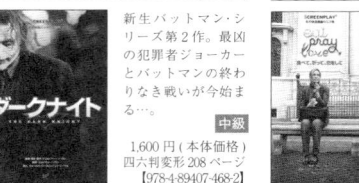

新生バットマン・シリーズ第2作。最凶の犯罪者ジョーカーとバットマンの終わりなき戦いが今始まる…。

中級

1,600円（本体価格）
四六判変形 208ページ
【978-4-89407-468-2】

食べて、祈って、恋をして　iPen対応

忙しい日々を送り、人生の意味を考え始めたリズが、夫と離婚して、自分探しの3カ国旅に出ることに。

上級

1,400円（本体価格）
四六判変形 192ページ
【978-4-89407-527-6】

バック・トゥ・ザ・フューチャー　iPen対応

高校生のマーティは30年前にタイム・スリップし、若き日の両親のキューピットに。人気SFストーリー。

初級

1,600円（本体価格）
四六判変形 168ページ
【978-4-89407-499-6】

陽のあたる場所　iPen対応

叔父の工場で働く青年は、禁止されている社内恋愛を始めるが、上流階級の令嬢ともつきあうことに。果たして、彼が選ぶのは…。

中級

1,400円（本体価格）
四六判変形 152ページ
【978-4-89407-530-6】

ヒューゴの不思議な発明　iPen対応

駅の時計台に一人で住むヒューゴ。父の遺品である機械人形に導かれ、映画監督の過去を隠す老人の人生を蘇らせる。

中級

1,600円（本体価格）
四六判変形 160ページ
【978-4-89407-535-1】

プラダを着た悪魔　iPen対応

ジャーナリスト志望のアンディが、一流ファッション誌の編集長ミランダのアシスタントとなった…。

中級

1,600円（本体価格）
四六判変形 200ページ
【978-4-89407-466-8】

出版物のご案内　　　　　　　　　　　　　　　　　　　　　価格表示のないものは 1,200 円 (本体価格)

フリーダム・ライターズ　iPen 対応

ロサンゼルスの人種間の対立が激しい高校で、新任教師が生徒に生きる希望を与えるようと奮闘する、感動の実話。

上級

1,600 円 (本体価格)
四六判変形 184 ページ
【978-4-89407-474-3】

ローマの休日　iPen 対応

王女アンは、過密スケジュールに嫌気がさし、ローマ市街に抜け出す。A. ヘプバーン主演の名作。

中級

1,400 円 (本体価格)
四六判変形 200 ページ
【978-4-89407-467-5】

Business English in Movies　iPen 対応

映画史に残る名シーンから、ビジネス用語をテーマ別、場面別に幅広く学べます。

鶴岡　公幸／
Matthew Wilson／
早川　知子　共著
B5 判 160 ページ
1,600 円 (本体価格)
【978-4-89407-518-4】

THE LIVES AND TIMES OF MOVIE STARS　iPen 対応

『映画スター』を 30 名取り上げた、映画英語教育の新しい教材。高校・大学用テキストブックです。

實吉　孝之　他 1 名　編著／
井上　康仁　他 2 名　共著
A5 判 134 ページ
1,600 円 (本体価格)
【978-4-89407-501-6】

嵐が丘　DVD 付

荒涼とした館「嵐が丘」を舞台にしたヒースクリフとキャシーの愛憎の物語。

中級

1,500 円 (本体価格)
四六判変形 168 ページ
【978-4-89407-455-2】

或る夜の出来事　DVD 付

ニューヨーク行きの夜行バスで出会った大富豪の娘とはしたない新聞記者の恋の結末は…。

中級

1,500 円 (本体価格)
四六判変形 204 ページ
【978-4-89407-457-6】

イヴの総て　DVD 付

大女優マーゴを献身的に世話するイヴ。その裏には恐ろしい本性が隠されていた。

中級

1,500 円 (本体価格)
四六判変形 248 ページ
【978-4-89407-436-1】

哀愁　DVD 付

ウォータールー橋で出会ったマイラとロイ。過酷な運命に翻弄される 2 人の恋の行方は…。

中級

1,500 円 (本体価格)
四六判変形 172 ページ
【978-4-89407-445-3】

失われた週末　DVD 付

重度のアルコール依存症のドンは、何とか依存症を克服しようとするが…。

中級

1,500 円 (本体価格)
四六判変形 168 ページ
【978-4-89407-463-7】

サンセット大通り　DVD 付

サンセット大通りのある邸宅で死体が発見された…。その死体が語る事件の全容とは？

中級

1,500 円 (本体価格)
四六判変形 192 ページ
【978-4-89407-461-3】

第三の男　DVD 付

誰もが耳にしたことがあるチターの名曲とともに、事件の幕があがる…。

中級

1,500 円 (本体価格)
四六判変形 188 ページ
【978-4-89407-460-6】

ナイアガラ　DVD 付

ローズは、浮気相手と共謀し夫を事故に見せかけ殺害しようと企むが…。

中級

1,500 円 (税込価格)
四六判変形 136 ページ
【978-4-89407-433-0】

武士道と英語道　DVD 付

テストのスコアアップだけではない、いわば効果性に強い英語道のすべてを、武士道を通して解説。

松本　道弘　著
四六判変形 208 ページ
【サムライの秘密】DVD 付
3,800 円 (本体価格)
【978-4-89407-379-1】

欲望という名の電車　DVD 付

50 年代初頭のニューオリンズを舞台に「性と暴力」、「精神的な病」をテーマとした作品。

上級

1,500 円 (本体価格)
四六判変形 228 ページ
【978-4-89407-459-0】

レベッカ　DVD 付

後妻となった「私」は、次第にレベッカの見えない影に追い詰められていく…。

中級

1,500 円 (本体価格)
四六判変形 216 ページ
【978-4-89407-464-4】

※2015 年 8 月現在

出版物のご案内 ― 最新情報はホームページをご覧ください

若草物語　DVD付

19世紀半ばのアメリカ。貧しいながら幸せに暮らすマーチ家の四姉妹の成長を描く。

1,500円(本体価格)
四六判変形224ページ
中級
【978-4-89407-434-7】

アイ・アム・サム

7歳程度の知能しか持たないサムは、娘のルーシーと幸せに暮らしていたが、ある日愛娘が児童福祉局に奪われてしまう。

中級
A5判 199ページ
【978-4-89407-300-5】

赤毛のアン

赤毛のおしゃべりな女の子、アンの日常にはいつも騒動で溢れている。世界中で読み継がれる永遠の名作。

最上級
A5判 132ページ
【978-4-89407-143-8】

アナスタシア

ロマノフ一族の生き残り、アナスタシアが、怪僧ラスプーチンの妨害を乗り越え、運命に立ち向かうファンタジー・アニメーション。

初級
A5判 160ページ
【978-4-89407-220-6】

アバウト・ア・ボーイ

お気楽な38歳の独身男が情緒不安定な母親を持つ12歳の少年に出会い、2人の間にはいつしか奇妙な友情が芽生える。

中級
A5判 160ページ
【978-4-89407-343-2】

インデペンデンス・デイ

地球に巨大な物体が接近。正体は異星人の空母であることが判明し、人類への猛撃が始まる。人類の史上最大の作戦とは。

中級
A5判 216ページ
【978-4-89407-192-6】

麗しのサブリナ

ララビー家の運転手の娘サブリナ、その御曹司でプレイボーイのデヴィッドと仕事仲間の兄ライナスが繰り広げるロマンス。

初級
A5判 120ページ
【978-4-89407-135-3】

エバー・アフター

王子様を待っているだけなんて耐えられない。そう強くて、賢く、さらに美しい主人公を描いたシンデレラ・ストーリー。

上級
A5判 156ページ
【978-4-89407-237-6】

カサブランカ

第2次大戦中、モロッコの港町カサブランカでカフェを営むリックの元に昔の恋人イルザが現れる。時代に翻弄される2人の運命は…。

中級
A5判 200ページ
【978-4-89407-419-4】

風と共に去りぬ

南北戦争前後の動乱期を不屈の精神で生き抜いた女性、スカーレット・オハラの半生を描く。

1,800円(本体価格)
A5判 272ページ
上級
【978-4-89407-422-4】

クリスティーナの好きなコト

クリスティーナは仕事も遊びもいつも全開。クラブで出会ったピーターに一目惚れするが…。女同士のはしゃぎまくりラブコメ。

上級
A5判 157ページ
【978-4-89407-325-8】

交渉人

映画『交渉人』を題材に、松本道弘氏が英語の交渉術を徹底解説。和英対訳完全セリフ集付き。

1,800円(本体価格)
A5判 336ページ
上級
【978-4-89407-302-9】

ゴースト ニューヨークの幻

恋人同士のサムとモリーを襲った悲劇。突然のサムの死には裏が。サムはゴーストとなり愛する人を魔の手から守ろうとする。

中級
A5判 114ページ
【978-4-89407-109-4】

ゴスフォード・パーク

イギリス郊外のカントリーハウス「ゴスフォード・パーク」。そこで起きた殺人事件により、階級を超えた悲しい過去が明らかに。

上級
A5判 193ページ
【978-4-89407-322-7】

ザ・ファーム 法律事務所

ミッチはハーバード法律学校を首席で卒業、ある法律事務所から破格の待遇で採用を受けるが、陰謀劇に巻き込まれる。

上級
A5判 216ページ
【978-4-89407-169-8】

出版物のご案内　　　　　　　　　　　　　　価格表示のないものは 1,200 円 (本体価格)

サンキュー・スモーキング

タバコ研究アカデミー広報部長のニックは巧みな話術とスマイルで業界のために戦うが、人生最大のピンチが彼を襲う。

上級

四六判変形 168 ページ
【978-4-89407-437-8】

JUNO / ジュノ

ミネソタ州在住の16歳の女子高生ジュノは、同級生のポーリーと興味本位で一度だけしたセックスで妊娠してしまう。

上級

A5 判 156 ページ
【978-4-89407-420-0】

スーパーサイズ・ミー

1日3食、1カ月間ファーストフードを食べ続けるとどうなる？ 最高で最悪な人体実験に挑むドキュメンタリー映画。

上級

A5 判 192 ページ
【978-4-89407-377-7】

スクール・オブ・ロック

ロックをこよなく愛するデューイは、ルームメイトのネッドになりすまし、有名市立小学校の5年生の担任となる…。

初級

A5 判 216 ページ
【978-4-89407-364-7】

スラムドッグ＄ミリオネア

インドのスラム出身のジャマールは「クイズ＄ミリオネア」に出場し最終問題まで進む。オスカー作品賞に輝く感動作。

上級

A5 判 168 ページ
【978-4-89407-428-6】

ダイ・ハード 4.0

全米のインフラ管理システムがハッキングされる。マクレーン警部補は史上最悪のサイバー・テロに巻き込まれていく…。

上級

A5 判 176 ページ
【978-4-89407-417-0】

チャーリーズ エンジェル

謎の億万長者チャーリーが率いる、3人の美人私立探偵エンジェルズが披露する、抱腹絶倒の痛快アクション。

中級

A5 判 144 ページ
【978-4-89407-264-0】

ナイト ミュージアム

何をやっても長続きしないダメ男ラリーが斡旋されたのは博物館の夜警の仕事。だがその博物館には秘密が隠されていた。

初級

A5 判 176 ページ
【978-4-89407-415-6】

ハート・ロッカー

イラク・バグダッドで活動しているアメリカ軍爆発物処理班の姿を描く。オスカー作品賞、監督賞に輝いた衝撃作！

上級

四六判変形 188 ページ
【978-4-89407-453-8】

ハムナプトラ

舞台はエジプト。リック・オコネルは、仲間と3人で、ハムナプトラの消えた秘宝を探す旅に出たのだが…。

中級

A5 判 148 ページ
【978-4-89407-239-8】

フィールド・オブ・ドリームス

アイオワ州で農業を営むレイは、ある日、天の声を聞く。以来、彼は、えも言われぬ不思議な力に導かれていくのであった。

中級

A5 判 96 ページ
【978-4-89407-082-0】

ミルク

アメリカで初めてゲイと公表し、公職についた男性ハーヴィー・ミルク。だが、その翌年最大の悲劇が彼を襲う…。

中級

四六判変形 192 ページ
【978-4-89407-435-4】

メイド・イン・マンハッタン

マンハッタンのホテルで客室係として働くマリサ。ある日次期大統領候補のクリスが宿泊に来たことでラブストーリーが始まる。

中級

A5 判 168 ページ
【978-4-89407-338-8】

モナリザ・スマイル

1953年のアメリカ。美術教師のキャサリンは保守的な社会に挑戦し、生徒らに新しい時代の女性の生き方を問いかける。

中級

A5 判 200 ページ
【978-4-89407-362-3】

リトル・ミス・サンシャイン

フーヴァー家は、美少女コンテスト出場のため、おんぼろのミニバスでニューメキシコからカリフォルニアまで旅をする。

中級

A5 判 184 ページ
【978-4-89407-425-5】

※2015 年 8 月現在

出版物のご案内 － 最新情報はホームページをご覧ください

ロミオ＆ジュリエット
互いの家族が対立し合うロミオとジュリエットは、許されぬ恋に落ちていく。ディカプリオが古典のリメイクに挑む野心作。

最上級
A5判 171ページ
【978-4-89407-213-8】

ワーキング・ガール
証券会社で働くテスは、学歴は無いが、人一倍旺盛な努力家。ある日、上司に企画提案を横取りされてしまい…。

中級
A5判 104ページ
【978-4-89407-081-3】

アメリカ映画解体新書
もう一度聴きたいあのセリフ、もう一度逢いたいあのキャラクターに学ぶ、人間・文化＆口語表現。

一色 真由美 著
A5判 272ページ
1,500円（本体価格）
【978-4-89407-167-4】

イギリスを語る映画
イギリスを舞台にした30本の映画を取り上げ、スクリーンに何気なく映し出される光景から感じられる文化や歴史を解説。

三谷 康之 著
B6判 172ページ
1,500円（本体価格）
【978-4-89407-241-1】

映画英語教育のすすめ
英会話オーラル・コミュニケーション教育に「映画」を利用することが注目されています。全国の英語教師必読の書。

スクリーンプレイ編集部 著
B6判 218ページ
1,262円（本体価格）
【978-4-89407-111-7】

映画英語授業デザイン集
「映画を使って英語を教えたい」または「学びたい」という人に必見。25種類の授業紹介とワークシートがついています。

ATEM東日本支部 監修
A5判 176ページ
1,800円（本体価格）
【978-4-89407-472-9】

映画を英語で楽しむための7つ道具
40本の映画をコンピューターで分析。Give, Get など、7つの単語で英語のほとんどを理解・運用することができます。

吉成 雄一郎 著
B6判 208ページ
1,200円（本体価格）
【978-4-89407-163-6】

映画（シナリオ）の書き方
いいシナリオには秘密があります。アカデミー賞受賞映画を分析し、優れた映画シナリオの書き方をお教えします。

新田 晴彦 著
A5判 304ページ
1,300円（本体価格）
【978-4-89407-140-7】

映画でひもとく風と共に去りぬ
『風と共に去りぬ』のすべてがわかる「読む映画本」。世界中が感動した名セリフを英語と和訳で解説。裏話も紹介。

大井 龍 著
A5判 184ページ
1,200円（本体価格）
【978-4-89407-358-6】

映画で学ぶアメリカ大統領
国際政治学者である筆者が、11本もの大統領映画を通じてアメリカの大統領制や政治、社会の仕組みを解説しました。

舛添 要一 著
B6判 272ページ
952円（本体価格）
【978-4-89407-248-0】

映画で学ぶアメリカ文化
文化というとらえがたいものでも、映画を観るなら楽しんで学ぶことができます。アメリカ文化を解説した1冊。

八尋 春海 編著
A5判 253ページ
1,500円（本体価格）
【978-4-89407-219-0】

映画で学ぶ英語熟語150
重要英語表現150項目が、おもしろいほどよくわかる！ ロッキー・シリーズで覚える、全く新しい英語熟語攻略法。

山口 重彦 著
A5判 148ページ
1,748円（本体価格）
【978-4-89407-013-4】

映画で学ぶ中学英文法
本書は「スターウォーズ」シリーズ（エピソード4〜6）から100シーンを選び、それぞれの中学重要文法を詳しく解説。

内村 修 著
A5判 222ページ
1,748円（本体価格）
【978-4-89407-006-6】

英語学習のための特選映画100選 小学生編
映画英語アカデミー学会 (TAME) の先生20名が小学生向け映画100本を用いた授業方法を提案。

TAME 監修
B5判 224ページ
1,400円（本体価格）
【978-4-89407-521-6】

英語学習のための特選映画100選 中学生編
映画英語アカデミー学会 (TAME) の先生10名が中学生向け映画100本を用いた授業方法を提案。

TAME 監修
B5判 224ページ
1,400円（本体価格）
【978-4-89407-540-5】

出版物のご案内　　　　　　　　　　　　　　　　　　　価格表示のないものは 1,200 円（本体価格）

映画の中の星条旗(アメリカ)

アメリカの現代社会について 100 のテーマを選びそれについて関係の深い映画の場面を紹介・解説しています。

八尋 春海 編著
A5 判 240 ページ
1,500 円（本体価格）
【978-4-89407-399-9】

映画の中のマザーグース

176 本の映画に見つけた、86 編のマザーグース。英米人の心のふるさとを、映画の中に訪ねてみました。

鳥山 淳子 著
A5 判 258 ページ
1,300 円（本体価格）
【978-4-89407-142-1】

もっと知りたいマザーグース

『映画の中のマザーグース』に続く第 2 作。映画だけでなく文学、ポップス、漫画とジャンルを広げての紹介。

鳥山 淳子 著
A5 判 280 ページ
1,200 円（本体価格）
【978-4-89407-321-0】

音読したい、映画の英語

声に出して読みたい映画の名セリフを、50 の映画から厳選してピックアップ。

映画英語教育学会／関西支部 著
藤江 啓之 監修
B6 判 224 ページ
1,200 円（本体価格）
【978-4-89407-375-3】

これでナットク！ 前置詞・副詞

日本人にはなかなか理解しづらい前置詞・副詞を、映画での用例を参考に、図解を用いてわかりやすく解説。

福田 稔 著
B6 判 180 ページ
1,262 円（本体価格）
【978-4-89407-108-7】

スクリーンプレイ学習法

映画のセリフは日常で使われる生きた英語ばかり。本書では、映画シナリオを使った英会話学習法を全部解説。

新田 晴彦 著
A5 判 212 ページ
1,748 円（本体価格）
【978-4-89407-001-1】

スクリーンプレイで学ぶ 映画英語シャドーイング

英語の音を徹底的に脳に覚えさせる学習法「シャドーイング」。映画のセリフで楽しく学習できます。

岡崎 弘信 著
A5 判 216 ページ
CD-ROM 付
1,800 円（本体価格）
【978-4-89407-411-8】

図解 50 の法則 口語英文法入門 改訂版

洋楽の歌詞と洋画・海外ドラマの台詞を例示して、口語英語の規則性をわかりやすく体系化。すべての英語教師・英語学習者必携の書。

小林 敏彦 著
A5 判 212 ページ
1,600 円（本体価格）
【978-4-89407-523-0】

中学生のためのイディオム学習

中学 3 年間でマスターしておきたい重要イディオム 171 項目を的確な実例を合わせ、詳しく解説しました。

山上 登美子 著
B6 判 217 ページ
1,261 円（本体価格）
【978-4-89407-011-0】

使える！ 英単語

『ダイハード』をドキドキ楽しみながら、英単語を身につけよう。単語帳では覚えられなかった単語もバッチリ定着。

山口 重彦 著
A5 判 200 ページ
1,262 円（本体価格）
【978-4-89407-128-5】

フリーズの本

聞き取れないと危険な言葉、ぜひ覚えておきたい表現をアメリカ英語から集めた 1 冊。

木村 哲也／山田 均 共著
B6 判 184 ページ
951 円（本体価格）
【978-4-89407-073-8】

2014 年 第 3 回映画英語アカデミー賞

外国語として英語を学ぶ、小・中・高・大学生を対象にした教育的価値を評価し、特選する、"映画賞" の第 3 弾。

TAME 監修
B5 判 216 ページ
1,600 円（本体価格）
【978-4-89407-524-7】

ゴースト 〜天国からのささやき スピリチュアルガイド

全米を感動の渦に巻き込んでいるスピリチュアルドラマの公式ガイドブック。シーズン 1 からシーズン 3 までのエピソード内容を完全収録し、キャストやモデルとなった霊能力者へのインタビュー、製作の舞台裏、超常現象解説などを掲載したファン必読の一冊。

B5 判変形 178 ページ
2,800 円（本体価格）
【978-4-89407-444-6】

グラディエーター

第 73 回アカデミー作品賞受賞作『グラディエーター』のメイキング写真集。200 点以上の写真や絵コンテ、ラフ・スケッチ、コスチューム・スケッチ、セットの設計図、デジタル画像などのビジュアル素材に加え、製作陣への膨大なインタビューを掲載。

A4 判変形 160 ページ
2,800 円（本体価格）
【978-4-89407-254-1】

※ 2015 年 8 月現在

iPen の案内

iPen とは？
・**i**（わたしの）**Pen**（ペン）は内蔵音声データを再生する機器です。
・先端に赤外線読み取り装置が組み込まれており、ドットコードを読み取ります。
・上部にスピーカーとマイクロフォンが付いています。

読んでる時に聞きたい瞬間
・特殊加工（ドットコード）印刷された英文にペン先を当てると、
・スキャナーがドット番号を読み取り内部のシステムを介して…
・MicroSD 内データを呼び出し、音声を再生します。

早送りも巻き戻しも必要なし
・聞きたいセリフ箇所にペン先を当てるだけで直ちに聞こえます。
・DVD・ブルーレイ・USB など映画ソフト、プレイヤー・パソコンなどハードは必要なし。
・面倒なチャプター探し、早送り、巻き戻しも一切不要です。

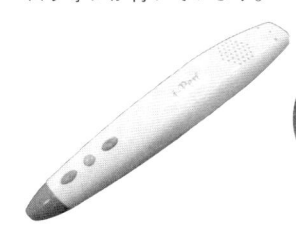

その他の機能紹介

用途	音声録音	USB 対応	ヘッドホンと MicroSD 対応
内容	本体内部にはデジタルメモリーが内蔵されており、本体上部のマイクにより外部（あなたの）音声を一時的に録音させることができます。また、録音音声をドットコードとリンクさせ、再生させることもできます。	付属の USB ケーブルを使用してパソコンと接続することができますから、パソコンで音声データ編集が可能です。単語毎、文章毎、画像の音声化などあなたの用途に応じてさまざまな音声編集をすることができます。	本体には一般ヘッドホンが接続できます。使い慣れたヘッドホンで周囲の環境を気にすることなく本体をご使用いただけます。また、音声データは基本的に MicroSD カード（別売り）に保存してご利用いただけます。
実用例	シャドーイング学習・発音確認	音声カードやフラッシュカード作り	通勤通学学習・友人と音声交換

iPen の使い方 ①

音声を再生する
電源ボタンで *iPen* を ON にします。(OFF も同様です)
❶ セリフ毎の音声再生
　スクリーンプレイの英語文字周辺にペン先をあわせると、印刷行の区切りまで音声を再生することができます。同一人物のセリフでも、長いセリフは途中で分割されています。
　繰り返し聞きたいときは、再度、ペン先をあわせます。
❷ チャプター毎の音声再生
　チャプター毎にまとめて、連続してセリフを聞きたい時は、スクリーンプレイの目次や各ページに印刷されている ①(DVD) チャプター番号にペン先をあわせます。
❸ スクリーンプレイの目次
　スクリーンプレイの目次は今後とも原則「10」で編集しますが、日本発売の標準的 DVD チャプターの区切りに準じます。

音声データのコピー（移動）
iPen では任意の MicroSD で PC と双方向に音声データのコピーができます。だから、MicroSD は一枚でも結構です。各映画の音声データは PC のフォルダに保存しておきましょう。
❶ 音声データをダウンロードします
　必要な音声データを PC 内フォルダーにダウンロードします。
❷ *iPen* と PC を接続します
　iPen 電源オフで付属 USB ケーブルを PC に接続します。
❸ *iPen* の所定フォルダー内既存データを「削除」します
❹ 音声データをコピーします
　PC 内の音声データを *iPen* の所定フォルダーにコピーします。
❺ 「所定フォルダー」や切断方法など
　iPen の所定フォルダーや PC との切断方法など、詳しい内容は *iPen* 付属の取扱説明書をご覧下さい。

スクリーンプレイから「音」が出る新時代

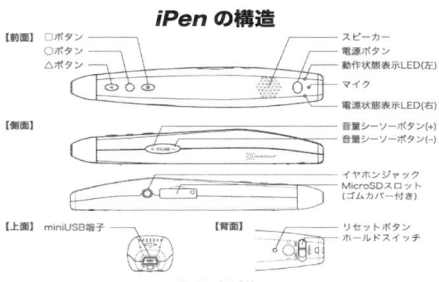

iPen の構造

【前面】
- □ボタン
- ○電源ボタン
- △ボタン
- スピーカー
- 動作状態表示LED（左）
- マイク
- 電源状態表示LED（右）

【側面】
- 音量シーソーボタン（＋）
- 音量シーソーボタン（－）
- イヤホンジャック
- MicroSDスロット（ゴムカバー付き）

【上面】miniUSB端子　【背面】リセットボタン、ホールドスイッチ

主な仕様

製品名	スクリーンプレイ iPen	製造元	Gridmark Inc.型番GT-11010J
サイズ	145×25×21mm	保証期間	購入日より6ヶ月製造元にて
重量	約40グラム	配給元	株式会社 FICP
マイク	モノラル	商標	iPenはFICPの登録商標
音声出力	モノラル100mW/8Ω	媒体	MicroSDカード
使用電池	リチウムイオン電池3.7v (400mAh)	音声	専用音声データ（別売り）
充電時間	約5時間（フル充電で約2時間作動）	印刷物	ドットコード付き書籍（別売り）
外部電源	5V/0.8A	動作温度	0～40℃

（詳しくは本体説明書をご覧下さい）

Screenplay「リスニングCD」は？

・「リスニングCD」は、お客様のご要望により当社iPenをご利用されていない学習者の方々のために販売を継続しています。
・「リスニングCD」の有無は、下記のホームページでご確認下さい。（尚、パブリックドメイン作品を除きます）
・購入済み Screenplay「リスニングCD」は（送料はお客様ご負担の上、CD本体を）当社までご返送いただければ、該当タイトルの「音声データ」（ダウンロード権）と無料交換いたします。
　詳しくはホームページをご覧下さい。　http://www.screenplay.co.jp

入手方法

平成27年2日現在、書籍、iPen（2GB以上、MicroSDカード装着済み）とiPenセットは書店でご注文いただけますが、音声データだけのご注文は当社への直接注文に限ります。下記までご連絡ください。

郵便、電話、FAX、メール、ホームページ
株式会社フォーイン　スクリーンプレイ事業部
〒464-0025　名古屋市千種区桜が丘292
TEL：(052)789-1255　　FAX：(052)789-1254
メール：info@screenplay.co.jp

ネットで注文
http://www.screenplay.co.jp/ をご覧下さい。
（以下の価格表示は2015年8月現在のものです）

iPen の価格
スクリーンプレイ iPen 一台 8,800 円（本体価格）
（MicroSDカード「2GB」以上、一枚、装着済み）
（当社発売ドット出版物すべてに共通使用できます）

専用書籍
iPen を使用するには、専用の別売り 🔘 ドットコード印刷物と音声データが必要です。
ドット付き　新作　　　　スクリーンプレイ 1,600 円（本体価格）
ドット付き　クラシック　スクリーンプレイ 1,400 円（本体価格）
ドット付き　その他の出版物　表示をご覧下さい。

MicroSD カード
iPen 装着以外の MicroSD カードは電気店・カメラ店などでご購入ください。推奨容量は「4GB」以上です。

音声データ（ダウンロード）
音声データ（1タイトルDL）　標準　　　1,200 円（本体価格）
（音声はクラシック・スクリーンプレイシリーズは映画の声（例外有）、それ以外はネイティブ・スピーカーの録音声です）

送 料
音声データのダウンロード以外は送料が必要です。
ホームページをご覧いただくか、お問い合わせ下さい。

iPen の使い方 ②

音声を録音する

❶ 録音モードに切り替える
待機状態で「○ボタン」を2秒以上長押ししてください。LED（左）が赤く点灯し【録音モード】になります。

❷ 録音する
【録音モード】になったら「○ボタン」を離して下さい。すぐに録音が開始されます。

❸ 録音の一時中止
録音中に「○ボタン」を押すと録音を一時停止します。もう一度「○ボタン」を押すと録音を再開します。

❹ 録音を終了する
「□ボタン」を押すと録音を終了します。

❺ 録音を消去する
【一部消去】、【全消去】とともに説明書をご覧下さい。

音声をリンクする

リンクとは録音音声をスクリーンプレイ左ページ最下段に印刷された 🔘 マーク（空き番号）にリンクすることで、🔘 マークにペン先をあわせると録音音声が聞こえるようになります。

❶ リンクモードに切り替える
リンクしたい音声を選択し、その音声の再生中／録音中／一時停止中に「△ボタン」を2秒以上長押ししてください。LED（左）が橙に点灯し【リンクモード】になります。

❷ リンクを実行する
【リンクモード】になったら、「△ボタン」を放してください。リンクの確認メッセージが流れます。その後、🔘 マークにタッチするとリンク音が鳴り、リンクが完了します。

❸ リンクを解除する
【一部解除】、【全解除】、その他、説明書をご覧下さい。

クラシック・スクリーンプレイ (CLASSIC SCREENPLAY) について

　クラシック・スクリーンプレイは著作権法による著作権保有者の保護期間が経過して、いわゆるパブリック・ドメイン（社会全体の公共財産の状態）になった映画の中から、名作映画を選んでスクリーンプレイ・シリーズの一部として採用したものです。

名作映画完全セリフ集
スクリーンプレイ・シリーズ 176
雨に唄えば
2015年9月16日初版第1刷

監　　　修：曽根田　憲三
翻　　　訳：宮本節子／塩川千尋／中林正身／
　　　　　　渡辺幸倫／栗原文子／曽根田純子／
　　　　　　曽根田憲三
語句解説：曽根田憲三
英文構成：Mark Hill／スクリーンプレイ事業部
編 集 者：奥田直子
発 行 者：鈴木雅夫
発 売 元：株式会社フォーイン　スクリーンプレイ事業部
　　　　　〒464-0025　名古屋市千種区桜が丘292
　　　　　TEL :(052) 789-1255　FAX :(052) 789-1254
　　　　　振替:00860-3-99759
印刷・製本：株式会社チューエツ
特　　　許：吉田健治／グリッドマーク株式会社（ドット印刷）

定価はカバーに表示してあります。
無断で複写、転載することを禁じます。
乱丁、落丁本はお取り替えいたします。

Printed in Japan
ISBN978-4-89407-548-1